Linda Acredolo
Susan Goodwyn

Baby-Sprache

*Wie Sie sich mit
Ihrem Kleinkind unterhalten können,
bevor es sprechen lernt*

Deutsch von Frauke Riese

Rowohlt

Die Originalausgabe erschien 1996 unter
dem Titel «Baby Signs. How to Talk with Your Baby
Before Your Baby Can Talk» im Verlag
Contemporary Books, Inc., in Chicago

1. Auflage Januar 1999
Copyright © 1999 by Rowohlt Verlag GmbH,
Reinbek bei Hamburg
«Baby Signs» Copyright © 1996
by Linda P. Acredolo und Susan W. Goodwyn
Alle deutschen Rechte vorbehalten
Illustrationen in Kapitel 10 von Steve Gillig
Umschlaggestaltung Büro Hamburg
Foto: The Stock Market
Satz aus der Stempel Garamond PostScript
und Belichtung bei UNDER/COVER, Hamburg
Druck und Bindung Clausen & Bosse, Leck
Printed in Germany
ISBN 3 498 00055 1

Dieses Buch widmen wir
Kate,
die uns als erste die Augen geöffnet hat
für die Zeichensprache der Babys.
Wir widmen es ferner
Kai, Brandon und Leanne,
die Kates Spuren folgten
und sich mit ihrer persönlichen Babyzeichensprache
Zugang verschafft haben
zu unserem Leben und zu unseren Herzen

Inhalt

Danksagungen

Zuallererst möchten wir den zahlreichen Familien – Eltern und Kindern – danken, die im Laufe der Jahre an unserem Forschungsvorhaben und den Kursen teilgenommen haben. Ohne ihren unermüdlichen, kreativen Einsatz für die Babyzeichensprache und ohne ihre Bereitschaft, ihre Zeit und ihre Erlebnisse mit uns zu teilen, wären unsere Kenntnisse über die Vorteile der Babyzeichen nicht die, die sie heute sind.

Denjenigen, die uns erlaubten, in diesem Buch Fotografien ihrer niedlichen Kinder zu veröffentlichen, sind wir zu besonderem Dank verpflichtet.

Unsere tiefe Dankbarkeit gilt auch jenen inzwischen über hundert Studierenden, die viele Stunden in unserem Institut zubrachten, um uns bei der Forschungsarbeit über den Nutzen von Babyzeichen zu helfen, damit auch Sie davon profitieren können.

Es ist unmöglich, alle zu nennen, einigen möchten wir jedoch unsere besondere Dankbarkeit bezeigen:

Lynn Arner-Cross, Amy Fulmer, Jeannie Lee, Carla Andalis, Aimee Sullivan, Brenda Baxter, Terry Wilson, Teri Ouimet, Joyce Humphrey und Cathy Brown; sie waren zu Beginn des Babyzeichen-Projektes unsere Hauptstützen. Dank schulden wir ferner wegen eines Forschungsstipendiums dem National Institute of Child Health and Human Development. Ohne diese Förderung wäre die Langzeitstudie über die Auswirkungen der Babyzeichen nicht möglich gewesen.

Fast alles, was wir über die Vorteile der Babyzeichensprache* im Umfeld von Kindertagesstätten wissen, ist auf die Einsatzfreude von Kathleen Grey zurückzuführen, der Leiterin des Kleinkindprogramms am Child and Family Studies Center der University of California in Davis. Ihr Engagement für unsere Arbeit ergab sich ganz spontan und war äußerst anregend. Ihre häufigen Hinweise auf die wichtige Rolle, die Babyzeichen in der Betreuer-Kind-Beziehung spielen müssen, waren besonders hilfreich und haben uns gerade in schwierigen Zeiten oft Mut gemacht. Außer Kathleen sind wir noch ihrer Assistentin Pauline Wooliever zu Dank verpflichtet, die viel von dem täglichen Kleinkram erledigte, der im Rahmen unseres Projektes am Institut anfiel; stets brachte sie uns Verständnis entgegen und hatte Informationen parat. Ohne die begeisterte Mitarbeit der Familien, die ihre Kinder an dem Institut betreuen ließen, wären Kathleens und Paulines Bemühungen allerdings vergeblich gewesen. Gerade diese Kinder haben den Beweis dafür geliefert, daß Babyzeichen in jedes Ganztagsbetreuungsprogramm aufgenommen werden können – und sollten.

Unsere Dankbarkeit bezeugen wir auch Betsy Amster, unserer Literaturagentin, die uns beim Entwickeln unserer Ideen half und dabei, sie in die richtige Form zu bringen. Ihr Vertrauen in unser Vorhaben war unerschütterlich, und ihre nützlichen Vorschläge, ihr sachkundiges Redigieren und ihr gutmütiger Humor hielten uns während des gesamten Arbeitsprozesses bei der Stange.

Besonderer Erwähnung bedarf unsere Dankbarkeit gegenüber unseren Lebensgefährten Larry und Peter, die mit uns durch dick und dünn gegangen sind. Ohne ihre Geduld, Begeisterung, Liebe und Unterstützung hätten wir all dies nicht zuwege gebracht. Einige Wochen lang hatte es den Anschein, als ob wir zwei Frauen mehr Zeit miteinander verbrächten als mit ihnen. Und so war es auch!

---

* Im folgenden benutzen wir dafür den kürzeren Ausdruck «Babyzeichen» (engl. «Baby Signs»).

Last but not least möchten wir den Angestellten und allen guten Geistern des Café Roma unseren Dank aussprechen, dort sind uns die Ideen zu diesem Buch gekommen, und dort haben wir sie auch ausgebrütet. Wir wußten ihre Geduld zu schätzen, wenn wir die Tische mit Beschlag belegten, und auch ihre Toleranz gegenüber unseren Faxen mit den Babyzeichen. Jetzt können sie in diesem Buch nachlesen, was wir während der letzten zehn Jahre gemacht haben!

Baby-Sprache

Kapitel 1

Was sind Babyzeichen?

Obwohl sie mit ihren dreizehn Monaten noch zu klein ist, um mehr als ein paar Wörter sprechen zu können, liebt Jennifer Bücher. Wenn ihr Vater Mark es sich nach dem Abendessen auf dem Sofa bequem macht, tappelt sie zu ihm hin, hält ihre Handflächen gegeneinander und öffnet und schließt sie. Auf Marks promptes «Oh, schon gut, hol ein Buch zum Lesen» läuft sie befriedigt los, um bald mit ihrem Lieblingsbuch über Tiere zurückzukehren; dann kuschelt sie sich an ihn und beginnt, die Seiten umzublättern.

Entzückt betrachtet sie eins der Bilder, kratzt mit ihren Fingern über ihre Brust und schaut Mark lachend an. «Ja, stimmt, das ist ein Zebra!» antwortet dieser, ebenfalls lachend.

Bei der nächsten Seite fährt sich Jennifer mit der Fingerspitze an die Nase und bewegt sie auf und ab. Stolz bestätigt Mark: «Stimmt, das ist ein Elefant!»

Im Verlauf der folgenden Seiten wippt Jennifer mit ihrem Oberkörper hoch und runter, öffnet ihren Mund weit, kippt ihren Kopf nach hinten und reibt ihre Hände aneinander. Ohne zu zögern, bestätigt ihr Mark jedesmal, daß sie recht hat: Das ist ein Känguruh, das ist ein Nilpferd, und das ist Wasser, in dem das Nilpferd schwimmt. So gehen sie das ganze Buch durch, und beiden ist der Stolz ins Gesicht geschrieben.

*Fast alles, wofür sich Ihr Kind interessiert, kommt für Babyzeichen in Frage,
und alles, was Sie dazu brauchen, sind eine einfache Gebärde und ein aufnah-
mewilliges Gegenüber. Hier macht die 18 Monate alte Leanne gerade das
Zeichen für Känguruh, sie hüpft mit dem Rumpf hoch und runter, um uns
von dem Känguruh zu erzählen, das sie während eines Ausflugs in den Zoo
gesehen hat.*

Wir wollen uns genauer ansehen, was hier passiert ist: Die erst dreizehn Monate alte Jennifer *erzählte* ihrem Vater, was in dem Buch vorkam, und obwohl sie kein einziges Wort gesagt hat, zumindest nicht im konventionellen Sinne, hat ihr Vater sie verstanden. Sie hat statt dessen einfache nonverbale Gebärden benutzt, Babyzeichen, über die sie und ihr Vater sich geeinigt hatten, daß sie für *Zebra, Elefant, Känguruh* und all die anderen Dinge stehen, auf die sie ihn aufmerksam machen wollte. Mit Hilfe dieser Zeichen konnte sich Jennifer über ein aktives Zusammensein mit ihrem Vater freuen, was sonst erst gegangen wäre, nachdem sie sprechen gelernt hätte. Bedenkt man, wie lange es dauert, bis Kleinkinder selbst so leichte Wörter wie *Ball* oder *Wauwau* lernen, von *Känguruh* und *Zebra* ganz zu schweigen, dann sind die vielen Monate, bis es soweit ist, zweifellos verlorene Zeit.

Egal wie groß oder klein jemand ist, erfolgreich mit anderen zu kommunizieren macht das Leben angenehmer. Für die ganz Kleinen und Hilflosen kann dies in der Tat ganz besonders wichtig sein.

Der 14 Monate alte Andrew wacht in der Nacht auf und hat Angst, laut jammert er nach Laura, seiner Mama. Als sie in sein Zimmer tritt und fragt: «Was hast du, mein Schatz? Ist dir nicht gut?», klopft er sich heftig auf die Brust. «Ach, du fürchtest dich», antwortet Laura, nimmt ihn aus seinem Kinderbett, drückt ihn an sich und fragt: «Was ist denn passiert, Liebling? Hast du schlecht geträumt?» Als Antwort klopft er sich wiederholt auf die Nase und schaut seine Mutter mit großen Augen an. «Ach, es ist der Clown, den die Oma mitgebracht hat. Du magst ihn nachts nicht so dicht bei dir haben. Natürlich, Schätzchen. Wir wollen ihn für heute nacht wegnehmen, damit du wieder einschlafen kannst.» Als Laura ihn zurück in sein Gitterbettchen legt, legt Andrew seinen Daumen an die Lippen und kippt ihn hoch und runter. «Und du möchtest etwas zu trinken? In Ordnung, ich bringe dir gleich Wasser.»

*Nachdem sie den Clown weggelegt, ihm den Becher und einen letz-
ten Kuß gegeben hat, kehrt Laura in ihr eigenes Bett zurück, die
schwierige Situation war schnell und glücklich bereinigt.*

Vergegenwärtigen wir uns, was die kleine Jennifer und Andrew gemeinsam haben: Es ist das erfolgreiche Sichmitteilen. In beiden Fällen
war es dem Kleinkind möglich, ohne Worte eine Nachricht zu übermitteln, die erfreuliche Erfahrung zu machen, schnell und präzise verstanden zu werden, und sich darüber zu freuen. Gegenseitige Verstän-
digungen dieser Art fördern ein Gefühl von Kompetenz und helfen,
Frustrationen zu vermeiden. Anders als viele andere Kinder ihres Alters waren Jennifer und Andrew nicht ausschließlich auf Zeigen oder
ein eindringliches «Da, da, da!» angewiesen, um sich verständlich zu
machen. Und entgegen dem, was einige Leute vielleicht glauben, hielten ihre Babyzeichen-Erfahrungen sie keineswegs davon ab, sprechen
zu lernen. In Wirklichkeit hatten ihre Erfahrungen genau den gegen-
teiligen Effekt, denn sie machten Jennifer und Andrew gerade mit der
Art fruchtbarer gegenseitiger Kommunikation vertraut, die keine
langsamere, sondern eine *schnellere* Sprachentwicklung zur Folge
hat.

Diese beiden aus dem Leben gegriffenen Beispiele praktizierter Babyzeichensprache illustrieren auch, wieviel klüger Babys sind, als wir
meinen. Zwar können Jennifer und Andrew noch nicht sprechen, aber
das heißt nicht, daß sie nicht denken können. Sie wissen sehr wohl,
was sie uns «sagen» wollen, und mit Babyzeichen können sie das auch.
Zugleich erhalten diejenigen, die sich mit den Babys beschäftigen, einen Einblick in das, was in ihren Köpfen vor sich geht. Jennifer hat ihr
beeindruckendes Verständnis der Tierwelt bewiesen, und Andrew hat
eine Fähigkeit offenbart, um die ihn sogar viele Erwachsene beneiden:
die Fähigkeit, seine Gefühle zu benennen. Im Gegensatz zu den meisten anderen Eltern, die raten müssen, was ihre Babys gerade denken,
können Jennifers Vater und Andrews Mutter den Fingerzeigen ihrer

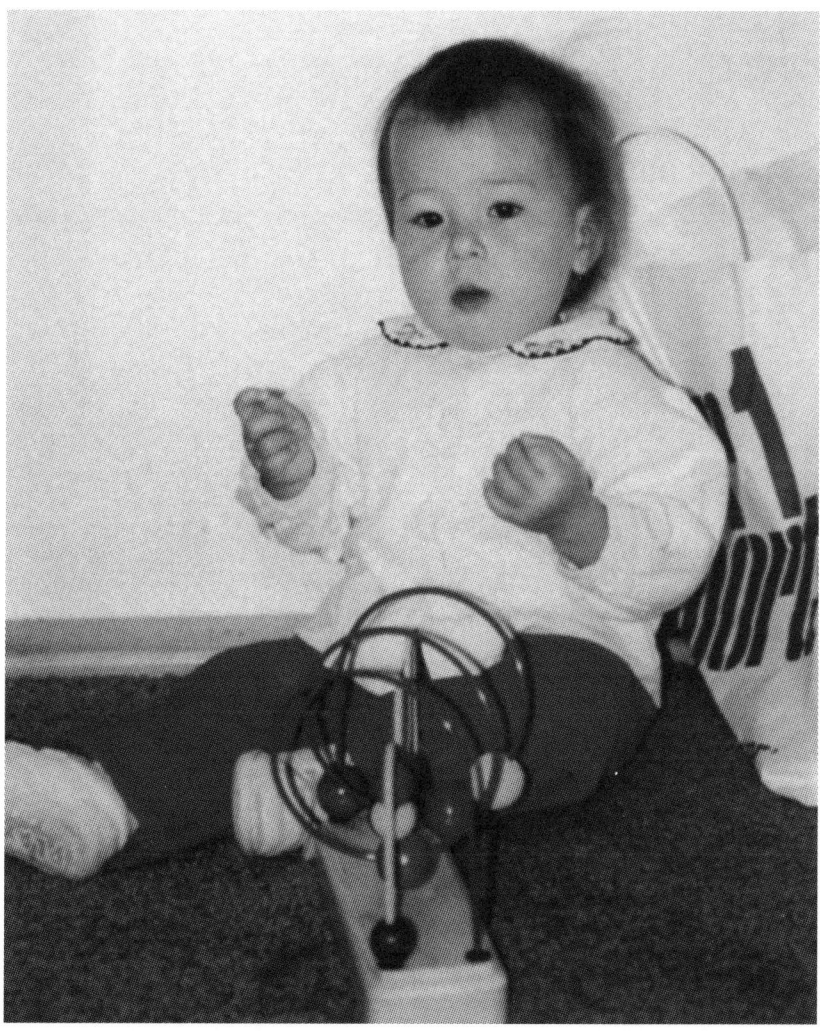

Zeichen für ihre Lieblingsspeise und ihr Lieblingstier sind bei Babys in der Regel sehr beliebt. Hier zeigt die einjährige Maya die einfache Geste des Fingerzusammendrückens, die sich viele unserer Eltern oder Betreuer für «Cheerios», die kleinen Vollkornringe fürs Müsli, ausgedacht haben.

Mit dem einen Zeigefinger deutet der 13 Monate alte Tristan auf das Schwein, mit dem anderen drückt er gegen seine Nase, sein Babyzeichen für Schwein. Nachdem er einmal gelernt hatte, selbst über die Tiere zu «sprechen», machte der Jahrmarkt allen viel mehr Spaß.

Kinder leicht folgen und ihre Aufmerksamkeit auf das konzentrieren, was die *Kinder wirklich brauchen*. Welches Elternteil würde ein solches Fenster zum Denken seines Kindes nicht willkommen heißen?

Ziel dieses Buches

Dieses Buch soll Ihnen und Ihrem Kind helfen, von Babyzeichen wie diesen zu profitieren. Genau wie Jennifer und Andrew kann auch Ihr Kleinkind leicht einfache Gesten erlernen, die für Gegenstände, Ereignisse und Bedürfnisse stehen. Durch diese Zeichen, die bei ihm buchstäblich auf der Hand liegen, wird in der schwierigen Phase zwischen neun und dreißig Monaten, in der das Mitteilungsbedürfnis Ihres Kindes seine Sprechfähigkeit übersteigt, eine Verständigung zwischen Ihnen beiden möglich. Indem Sie das Repertoire Ihres Kindes durch immer neue Gebärden erweitern, können Sie über viel mehr Dinge miteinander «sprechen», als es die wenigen Wörter, die Ihr Kind beherrscht, erlauben würden.

Babyzeichen bringen aber noch weitere Vorteile. Unsere zehnjährige Forschung erbrachte den schlüssigen Beweis, daß die zusätzliche Verwendung solcher Gesten nicht nur zu einer besseren Kommunikation führt, sie beschleunigt auch den Prozeß des Sprechenlernens, steigert das Selbstbewußtsein und stärkt die Eltern-Kind-Bindung. Eltern, die darauf Wert legen, ihrem Kind einen guten Start zu geben, können mit Babyzeichen nichts falsch machen.

Woher wissen wir so genau, daß auch Ihr Baby dazu in der Lage ist? Ganz einfach: Wir haben unser Berufsleben lang Babys beobachtet und zehn Jahre lang über Babyzeichen geforscht, dabei haben wir kein einziges Kind getroffen, das diese Zeichensprache nicht lernen konnte – Ihnen wird es ebenso ergehen! Ohne auch nur darüber nachzudenken, bringen alle Eltern ihren Kindern bei, wenn jemand weggeht, für *Auf Wiedersehen* mit der Hand zu winken, für *nein* ihren

Kopf zu schütteln und für *ja* zu nicken. Denken Sie einmal darüber
nach – das sind Babyzeichen! Wie Jennifers *Känguruh*-Bewegung und
Andrews Zeichen für *Trinken* sind es einfache Gesten mit einer bestimmten Bedeutung, die den Kindern von ihren Eltern bewußt oder
unbewußt vorgemacht werden. In ihrem Drang, an ihrer sozialen Umwelt teilzuhaben, greifen Kinder die *Auf-Wiedersehen*-, die *Ja*- und
Nein-Geste spielend auf, oft Monate bevor die entsprechenden Wörter
dazukommen.

Nur allzuoft lassen es die Eltern jedoch dabei bewenden, ohne sich
klarzumachen, zu welchen Babyzeichen ihr Kind sonst noch fähig ist.
Mit Hilfe dieses Buches werden Sie lernen, wie leicht es ist, diese
natürliche Gabe einen Schritt weiter zu treiben und sich und Ihrem
Kind einen ganz neuen, aufregenden Kommunikationsweg zu er-
schließen. Das Zeichen für *Auf Wiedersehen* mag das erste sein, das Ihr
Kind lernt, es muß aber bestimmt nicht das letzte bleiben.

Wie wir selber auf die Babyzeichen kamen

Während der letzten zehn Jahre haben wir mehreren hundert Eltern,
Lehrern und Kinderärzten die Vorteile der Babyzeichensprache vorgestellt. Alle reagieren stets mit Staunen auf die Einfachheit dessen,
was wir propagieren, und mit Begeisterung auf die von uns beschriebenen Vorzüge. Aber woher rührte *unsere* Begeisterung? Wer über-
zeugte *uns* davon, daß Babyzeichen wirklich etwas Besonderes sind?
Wie wir auf das Phänomen der Babyzeichen stießen und warum wir so
sehr von ihnen überzeugt sind, ist wirklich eine Geschichte für sich.

Es begann, als eine von uns (Linda) ein Töchterchen bekam: Kate.
Unser beider Beruf war damals, College-Studenten zu unterrichten,
und unser Forschungsschwerpunkt lag auf älteren Kindern. Wie Babys
sprechen lernen, interessierte uns nur am Rande. Das änderte sich jedoch, als die kleine Kate ein Jahr alt wurde und drei Dinge geschahen.

Dieses Bild entstand an einem heißen Sommertag im Zoo. Die 13 Monate alte Kate berichtet ihrer Mutter – und dem Fotoapparat – über das Känguruh hinter ihr im Gehege. Es war das erste lebende Känguruh, das sie zu Gesicht bekam.

1. Ereignis: *Kate und Linda befanden sich im Wartezimmer beim Arzt, wo zur Ablenkung der Patienten ein Aquarium aufgestellt war. Kate lief zum Bassin, zeigte aufgeregt darauf und formte ihren Mund so, als ob sie eine Kerze ausblasen wollte – whff, whff, whff. Bis sie mit 19 Monaten das Wort «Fisch» lernte, leistete ihr dieses Blasen als «Wort» für jeden Fisch, den sie sah, ausgezeichnete Dienste.*

2. Ereignis: *Kate und Linda waren draußen im Garten. Kate zeigte auf eine Rose, schaute zu Linda und schnupperte mehrmals. Von da an war dieses Schnuppern, bis sie mit zwölf Monaten das Wort für Blume lernte, ihr «Wort» für echte Blumen, Bilder von Blumen, Spielzeugblumen – für jegliche Art Blumen, über die sie «sprechen» wollte.*

3. Ereignis: *Als sich Kate einmal in Lindas Büro aufhielt, sah sie in der Ecke einen Weberknecht. Sie ergriff Lindas Hand, zeigte auf ihn und rieb ihre beiden Zeigefinger aneinander, eine Geste, die von ihr ganz eindeutig als Benennung gedacht war. Nachdem sie nun über dieses «Wort» verfügte, war sie ganz wild darauf, überall nach Spinnen Ausschau zu halten, von der winzigsten zu Hause bis zur Tarantel im Zoo.*

Das waren nur die ersten von Kates Babyzeichen. Weil sie aber aus heiterem Himmel kamen, mußten wir auf der Hut sein, um mit ihr Schritt zu halten. Woher kamen diese drei Zeichen? Wir fanden schnell heraus, daß sich jedes direkt von einem bestimmten Spiel ableiten ließ, das Kate mit ihren engsten Familienangehörigen spielte. Nehmen wir das Zeichen für *Blume*. Wie viele kleine Kinder kannte Kate seit langem das immer gleiche Verhalten ihrer Eltern, wenn sie an einer Blume rochen und diese anschließend ihr unter die Nase hielten, damit sie dasselbe tue, wobei sie stets so etwas wie: «Schau mal, die Blume, Kate! Was für eine schöne Blume!» sagten. Ohne Zweifel hatte Kate den Zusammenhang zwischen Handlung und

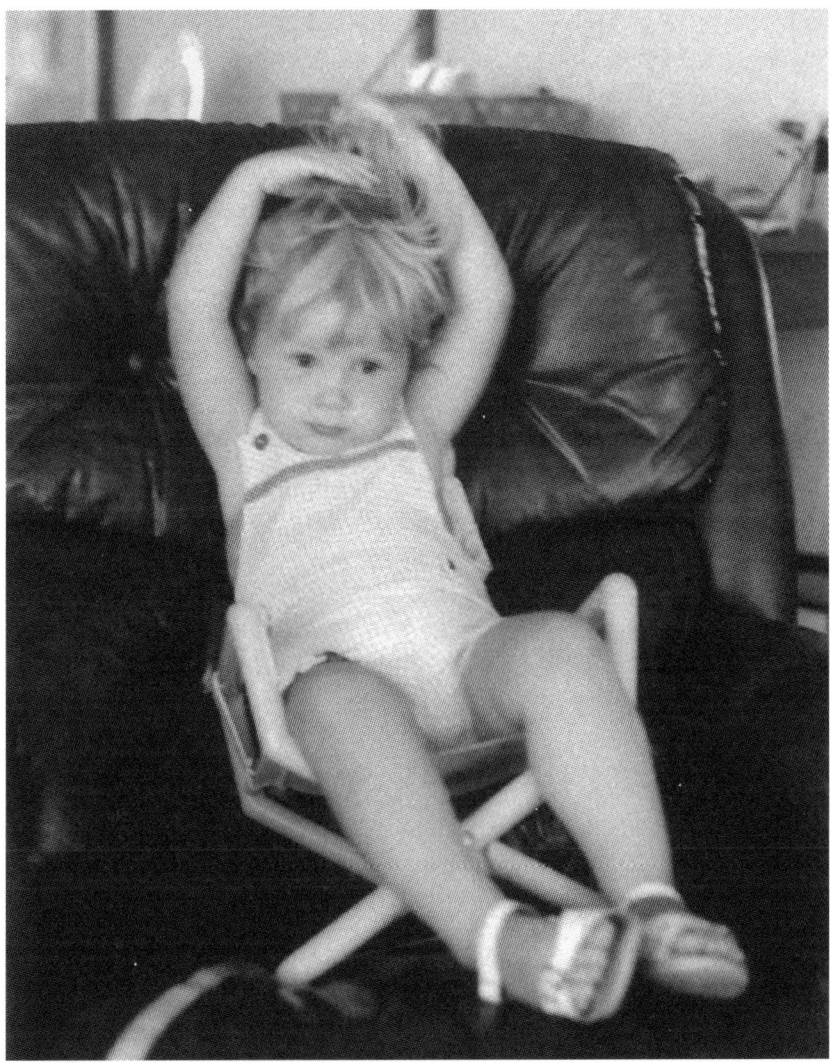

Hingerissen von der Sesamstraße identifiziert Kate hier mittels ihres Hände-über-dem-Kopf-Zeichens Bibo. Auch für Kermit und das Krümelmonster hatte sie Zeichen.

Gegenstand behalten, und sie vertraute darauf, daß ihre Eltern dies auch getan hatten.

Ebenso verhielt es sich mit dem *Spinnen*-Zeichen. Im Zusammenhang mit dem bekannten Kinderliedchen vom «Eency Weency Spider», der winzig kleinen Spinne, hatte Kate als ihren Ausdruck für die Spinne, die «die Regenrinne erklimmt», gelernt, die Finger aneinander zu reiben. In ihrem Eifer, sich über Dinge um sie herum auszutauschen, entlehnte sie wiederum eine Bewegung, in diesem Fall eine, die ihre Bezugspersonen ihr als Teil eines Kinderliedes speziell hatten beibringen wollen. Sie hatte die Bewegung ganz richtig gelernt, war dann aber darüber hinausgegangen, indem sie dieselbe Geste benutzte, um sich über richtige Spinnen zu unterhalten.

Etwas schwieriger war es für uns herauszufinden, wie Kate auf das Blasen für *Fisch* gekommen war. In ihrem kurzen Leben hatte sie noch nicht viele Fische gesehen, und in der Familie aß man auch zu den Mahlzeiten keinen Fisch. Zur Schlafenszeit löste sich das Rätsel. Zu Kates Geburt hatte eine von Lindas Studentinnen ihr ein hübsches Mobile gebastelt, damit sie es über ihr Kinderbett hängte – ja, genau, Sie haben es erraten – das Mobile bestand aus kunstvoll geflochtenen Stoff-Fischen. «Schau, den Fisch! Schau, wie die Fische schwimmen», pflegte Linda jeden Abend zu sagen, wenn sie und Kate das Mobile durch Blasen abwechselnd in Bewegung setzten. Es bedurfte nur dieses feststehenden Zubettbringrituals, um Kate zu helfen, über alle Arten von Fischen «zu reden».

Nachdem wir einmal darauf gekommen waren, was Kate probierte, beschlossen wir, sie zu unterstützen. Es war so leicht! Wir brauchten nur nach Bewegungen Ausschau zu halten, die man mit bestimmten Objekten, die sie mochte, in Verbindung bringen konnte: mit dem Finger wackeln für *Raupe*, den Mund weit öffnen für *Nilpferd*, den Mund mit der Hand zuhalten für das *Krümelmonster*, mit einer Hand wedeln, wenn Dinge *heiß* waren, und so weiter. Begierig lernte sie diese Zeichen und benutzte sie genauso freudig wie die für *Fisch*,

Spinne und *Blume*. Wie wir erfreut registrierten, hinderte sie keines daran, auch die richtigen Wörter zu lernen. In ihrer Kommunikations-begeisterung benutzte sie *alle* nur denkbaren Mittel. Es dauerte nicht lange, bis zu ihrem Ausdrucksschatz 48 Wörter und 28 Babyzeichen zählten. Sie konnte sich prima verständigen!

Schließlich kamen die Wörter derart leicht, daß sie die Babyzeichen verdrängten. Und wir wissen jetzt, daß das bei allen Babys so ist. Ob-wohl es in gewisser Weise schade war, die Babyzeichen verschwinden zu sehen, war es äußerst aufregend zu beobachten, wie sich Kates Sprechfähigkeit immer weiter entfaltete. Kates Gebrauch der Babyzei-chen hat ihr ganz offensichtlich zu einem guten Start verholfen. Das Erlebnis als solches hinterließ bei uns einen so nachhaltigen Eindruck, daß wir nun bestrebt waren herauszufinden, ob andere Kleinkinder diese Zeichen auch verwendeten.

Vom Wohnzimmer zur Wissenschaft

Unser erster Schritt bestand aus systematischen Interviews mit Eltern, um herauszufinden, ob Kates Verhalten einmalig war oder Kleinkin-der gewohnheitsmäßig Babyzeichen benutzen. Innerhalb von Tagen, nachdem wir damit begonnen hatten, war die Antwort klar. Nicht nur viele Eltern nannten uns Beispiele von Babyzeichen, die ihre Spröß-linge benutzten, sondern zuweilen unterbrachen uns die Kinder während des Besuches auch selbst, um ihrer Mutter etwas zu «sagen», wobei sie dann das eine oder andere Zeichen mit einbezogen. Zu den ersten gehörte die 17 Monate alte Elizabeth:

Gerade hatten wir uns zusammen mit Peg, Elizabeth' Mutter, gemütlich in der Küche niedergelassen, als sich ein bunter Aufziehelefant über den Boden und zwischen unseren Füßen hin-durch bewegte. Etwas überrascht beobachteten wir, wie er neben

Es gibt viele Lieder und Reime mit begleitenden Bewegungen, die sich für Babyzeichen eignen. Auf diesem Bild steuert die 13 Monate alte Kate ihr Babyzeichen für Mond *bei (Drehen der Handfläche). Es machte ihr auch viel Vergnügen, dieses Zeichen zu benutzen, während man ihr die Gutenachtgeschichten vom* Mann im Mond *oder von* Peterchens Mondfahrt *vorlas.*

Hier hat sich die 19 Monate alte Kate lange weiße Ohren umgebunden und macht ihre Handbewegung für Häschen (abwechselnd den Finger krümmen und wieder ausstrecken), um jemandem mitzuteilen, daß sie selbst gerade ein Häschen ist.

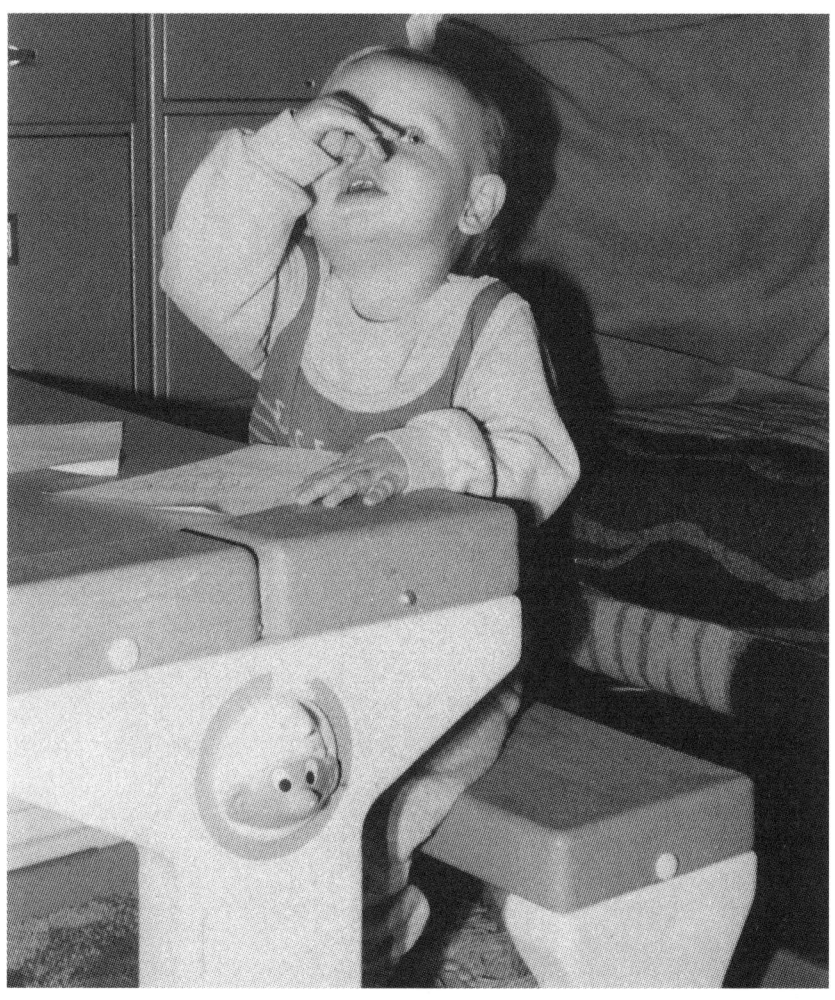

*Mit ihrem langen Rüssel und ihren großen Ohren üben Elefanten auf Klein-
kinder eine besondere Faszination aus. Hier benennt der 14 Monate alte Kai
das Bild eines Elefanten. Wie selbstverständlich benutzte er dieses Zeichen
auch, um über echte und Spielzeugelefanten zu berichten sowie über seinen
Lieblingspullover mit dem aufgenähten Elefanten.*

dem Kühlschrank verschwand. Zwei Minuten später stürmten zwei energiegeladene Spielkameraden in die Küche – Elizabeth und der Hund der Familie. Obwohl wir die beiden Vorgänge zunächst nicht miteinander in Verbindung brachten, stellte sich heraus, daß die Kleine und der Welpe hinter dem Spielzeug her waren. Aber wo war das geblieben? Weder Elizabeth noch der Hund konnten es entdecken. Was Elizabeth allerdings konnte, war, ihre Mutter um Hilfe zu bitten. Innerhalb von Sekunden hatte sie mit ihr Blickkontakt aufgenommen, ihren Zeigefinger zur Nase geführt und ihn auf und ab bewegt, die eindeutige Imitation eines Elefantenrüssels. «Ach, der Elefant!» antwortete Peg. «Der ist dort beim Kühlschrank. Ich helfe dir, ihn zu holen.»

Obwohl Elizabeth und Peg diese Begebenheit als etwas Alltägliches ansahen, waren wir ganz aufgeregt. Direkt in unserem Beisein erlebten wir hier ein richtiges Babyzeichen in Aktion. Genau wie Kate hatte Elizabeth ihr *Elefant*-Zeichen durch den spielerischen und dauernden Gebrauch dieser Geste seitens ihrer Eltern gelernt, sie hatte den Wink dann aufgegriffen und das Zeichen für Elefant übernommen, um damit Bilder, Spielsachen und sogar den Bodenstaubsauger mit seinem langen, rüsselähnlichen Saugrohr zu benennen. Zu unserem größten Vergnügen war die Sache damit noch nicht erledigt. Einige Wochen später rief Peg uns an: Elizabeth versuchte jetzt, das Wort Elefant zu sagen und benutzte die Gebärde, um ihren Eltern begreiflich zu machen, was «e-fant» heißen sollte!

Von solchen Familien lernten wir eine ganze Menge, und je mehr wir von ihnen erfuhren, desto mehr gelangten wir zu der Überzeugung, daß Babyzeichen durchaus keine ungewöhnliche Ergänzung des Familienlebens darstellen. Fast alle Kleinkinder scheinen, abgesehen von dem üblichen *Auf Wiedersehen, Ja* und *Nein*, zumindest ein paar weitere Zeichen zu entwickeln, und dies geschieht in der Regel zwischen dem neunten und 24. Monat. Wir stellten auch fest, daß sich ei-

nige Kinder besonders für diese Idee begeistern, sie kommen auf eine
beeindruckende Vielfalt von Zeichen für ihre Lieblingsgegenstände
und für wichtige Bedürfnisse. Diese Kinder wuchsen ausnahmslos in
Familien auf, die ihre Begeisterung nachhaltig teilten und sie zum Ge-
stikulieren ermutigten. Zudem lief es darauf hinaus, daß ein Kind desto *schneller* sprechen lernte, je mehr Babyzeichen es benutzte. Das
war zugleich unser bester Anhaltspunkt, was die Auswirkungen der
Babyzeichen auf die Entwicklung der gesprochenen Sprache betraf.
Die Babyzeichen schienen, falls sie überhaupt etwas dazu beitrugen,
diesen Prozeß auf jeden Fall zu beschleunigen.

In den Jahren nach dieser ersten Interviewphase konnten wir bestätigen, daß Babyzeichen die kindliche Entwicklung fördern. In einem großangelegten, vom National Institute for Child Health and
Human Development finanzierten Versuch untersuchten wir über
zwei Jahre hinweg 140 Familien mit 11 Monate alten Babys. Ein Drittel dieser Familien wurde dazu ermuntert, Babyzeichen zu benutzen,
die anderen zwei Drittel nicht. Unser Plan war, die beiden Gruppen in
bestimmten Abständen miteinander zu vergleichen, um herauszufinden, ob die Verwendung von Babyzeichen irgendeinen Effekt hatte –
sei er nun gut, schlecht oder indifferent.

Und was war das Ergebnis? Knapp zusammengefaßt: Wir konnten
nur positive Auswirkungen auf die Kinder feststellen! Die Babyzeichen-Kinder überrundeten die anderen in jeder Hinsicht. Ihre Intelli-
genztests fielen besser aus, sie verstanden mehr Wörter, verfügten über
ein umfangreicheres Vokabular und spielten anspruchsvollere Spiele.
Am zufriedenstellendsten war jedoch die Art und Weise, wie die Eltern ihre Erfahrungen mit den Babyzeichen beschrieben. Voller En-
thusiasmus berichteten sie uns über die von uns erhofften Vorteile:
eine bessere Verständigung, weniger Frustration und eine stärkere Eltern-Kind-Bindung. Darüber hinaus machten sie uns noch auf zahl-
reiche subtilere Vorteile aufmerksam, an die wir nicht gedacht hatten,
wie größeres Selbstvertrauen und ein stärkeres Interesse an Büchern.

«Ehrlich gesagt, zuerst waren wir skeptisch, ob wir es mit Lori versuchen sollten, denn es schien irgendwie das Gegenteil von dem zu sein, was wir ihr beibringen wollten, das Sprechen. Und sprechen wollte ich mit ihr! Aber sobald sie es kapiert hatte – die Fisch-Geste war die erste –, war es wie das Öffnen eines Schleusentores. Es war, als ob sie nur darauf gewartet hätte, mich irgendwie wissen zu lassen, was in ihrem Kopf vor sich ging. Plötzlich sah sie überall Fische – selbst die gefrorenen im Supermarkt. Und so ging das mit allen Zeichen, die sie lernte. Schließlich ging es bei mir doch tatsächlich so weit, daß ich an den Zeichen derart viel Freude hatte, daß ich geradezu traurig war, als die Wörter aufkamen und die Zeichen abnahmen. Aber solange es dauerte, machte es richtig Spaß, und ich wette, jetzt gibt es kein Halten mehr.»
Ein Elternteil, das an dem Babyzeichen-Versuch teilnahm.

Helfen auch Sie Ihrem Kind, sich über seine Umgebung zu unterhalten

Das Kleinkindalter ist die Zeit, in der sich die Babys an den Wundern der Welt ergötzen, in der sie entdecken, wie alles funktioniert, und in der sie Freud und Leid, die diese Phase unweigerlich mit sich bringt, mit den für sie wichtigen Personen teilen. Babys sind genauso neugierig wie Katzen, nur viel geselliger (glücklicherweise). Es genügt ihnen nicht, das Flugzeug am Himmel, den Vogel auf dem Fensterbrett oder die Blume im Garten zu beobachten; sie wollen dies auch jemandem *mitteilen*. Es ist ganz so, wie Penelope Leach in ihrem Buch «Babyhood» schreibt, die primäre Motivation, die Babys dazu treibt, sprechen zu lernen, ist die Möglichkeit, auf diese Weise mit anderen Menschen in Kontakt zu treten: «Die ersten Wörter ... werden nahezu immer im Hinblick darauf benutzt, die Aufmerksamkeit der Erwachsenen auf irgend etwas zu lenken, die Erwachsenen werden aufgefordert, die Erfahrungen des Kleinkindes zu teilen.»

Penelope Leach beklagt, daß so viele Leute meinen, Babys seien an Sprache nicht interessiert, und daß sie es unergiebig finden, sich mit ihnen auszutauschen, nur weil die Kleinen selber noch nicht viel sagen können. Eine solche Haltung bedeutet nur allzuoft, daß Chancen vertan werden, das Sprechen zu fördern, und, was vielleicht noch viel wichtiger ist, das für eine gesunde Entwicklung so wesentliche Band zwischen Eltern und Kindern zu stärken. In ihrem Buch «Die ersten Jahre deines Kindes» empfiehlt Penelope Leach einen konstruktiveren Ansatz:

«‹Was kann ich tun, um meinem Kind beim Erwerb und Gebrauch der Sprache zu helfen?› Dazu bedarf es eines einzigen wichtigen Schrittes, bei dem es sich allerdings um eine Verzichtsleistung handelt: Lösen Sie sich von der verbreiteten Auffassung, Sprache heiße Sprechen, Sprechen bedeute, Wörter zu gebrauchen, und deshalb setze der ganze Prozeß des Erlernens von Sprache erst ein, wenn das Kind ein Jahr alt ist. Sprache bedeutet Kommunikation zwischen einer Person und einer anderen… Wenn Sie also mit Ihrem Interesse an der Sprache Ihres Kindes warten, bis es selbst sprechen kann, dann verpassen Sie eine ganze Menge von der Sache.»

In diesem Buch zeigen wir Ihnen, wie Sie die verborgenen Talente Ihres Kindes zu voller Blüte bringen können. Babys kommunizieren *sehr wohl*, wir müssen sie nur lassen. Dafür gibt es eine köstliche Belohnung. Wenn Sie den ersten unbeholfenen Versuchen Ihres Kindes, sich mitzuteilen, die Babyzeichen hinzufügen, kann es sich anderen Menschen zuwenden, es kann seinen Horizont erweitern, und – das ist das Schönste überhaupt – es kann mit Ihnen ein Band der Sympathie und Zufriedenheit knüpfen, das vielleicht ein Leben lang hält.

Kapitel 2

Babyzeichen
als Teil des Sprachpuzzles

Wieso können Babyzeichen so viel bewirken? Um ihren Nutzen voll zu verstehen, müssen Sie Penelope Leachs Rat folgen und sich von der Vorstellung lösen, Spracherwerb heiße lediglich sprechen lernen. Wenn Sie das tun, ist es viel leichter, das umfangreiche Entwicklungspensum zu verstehen, das Ihr Kind auf seiner aufregenden Reise zur Sprache bewältigen muß.

Wenn wir den Eltern oder Studenten die Sprachentwicklung beschreiben, tun wir dies mit Hilfe des Bildes von einem Puzzle, dessen einzelne Teile zusammengesetzt werden müssen. Wie bei einem Puzzle bilden auch bei der Sprache viele einzelne Teile zusammen erst das vollständige Bild. Beim Zusammensetzen kann es Ihnen passieren, daß Sie viele Teile an die richtige Stelle legen, ohne daß der Gegenstand des Bildes preisgegeben wird.

Bis Sie ein entscheidendes Teil einsetzen. Fügt sich dieses zu den anderen, wird ein charakteristischer Teil des Bildes plötzlich klar. Erst die Plazierung dieses bestimmten Puzzleteilchens läßt die anderen Teile im richtigen Licht erscheinen – erst dadurch erklärt sich ihr Anteil an dem Gesamtbild.

So ist es auch bei der Sprachentwicklung. Während das Kind heranwächst, fügen sich viele «Teile» eines nach dem anderen an der richtigen Stelle ein. Das Teil, das uns am vertrautesten ist, ist natürlich das Sprechen – das heißt: die Fähigkeit, Laute zu richtigen Wörtern zusammenzusetzen. Weil viele Menschen das Sprechen fälschlicherweise

Obwohl die Kinder dieses Zeichen für mehr meistens verwenden, um mehr zu essen zu verlangen, benutzt es der 18 Monate alte Brandon hier, um seine Mutter zu bitten, doch noch ein weiteres Foto zu machen.

für die Summe dessen halten, was Sprache ausmacht, überrascht es sie zu erfahren, daß eben dieses Sprechen dem Bild selbst erst relativ spät hinzugefügt wird. Das Dumme ist nur, daß wir viele wichtige Fortschritte, die die Kinder bereits gemacht haben, bis sie dann tatsächlich Wörter sagen können – bis also das entscheidende Sprechteil eingesetzt ist –, gar nicht bemerken.

Babyzeichen haben unter anderem den Vorteil, Ihrem Kind zu ermöglichen, Ihnen, bevor es sprechen kann, zu demonstrieren, wie weit es mit dem Puzzle schon gediehen ist. Wir wollen uns diese Grundfertigkeiten kurz ansehen und schauen, wie sie sich entwickeln.

Lautspiele

Sagt ein Baby endlich das erste richtige Wort, zeigt es, in welch erstaunlichem Maße es all die großen und kleinen Organe beherrscht, die zum Hervorbringen eines bestimmten Lautes nötig sind. Die Zunge muß in die richtige Stellung gebracht, die Lippen müssen geformt, die Nasengänge eingestellt, die Stimmbänder kontrolliert und der Atem reguliert werden und noch vieles mehr. Für die Erwachsenen ist das alles so leicht, daß sie sich häufig nicht klarmachen, was für eine anspruchsvolle Aufgabe das ist. Die Komplexität dieser Vorgänge steht denn auch wie eine Hürde vor dem Mitteilungsbedürfnis des Kindes und animiert insofern zum Benutzen der Babyzeichen. Diese erlauben den Babys, das Lautsystem für kurze Zeit zu umgehen und auf dem so wichtigen Gebiet der Kommunikation voranzukommen.

Irgendwann bewältigen die Kinder das Lautsystem dann aber doch. Wie kommt es dazu? In Anbetracht der Komplexität der Vorgänge überrascht es nicht, daß die Kleinen sehr früh anfangen, daran zu arbeiten. Lange bevor sie die ersten Wörter sprechen können, üben sie Sprachlaute. Etwa mit drei Monaten beginnen sie mit Vokalen, mit etwa sechs Monaten kommen Konsonanten hinzu, so brabbeln sie vor

Hier benutzt die einjährige Karen ein Babyzeichen für Frosch: abwechselnd streckt sie ihre Zunge heraus und zieht sie wieder ein, auf diese Weise erzählt sie von ihrer Lieblingsfigur Kermit.

sich hin, und das klingt derart gesprächig, daß Sie davon überzeugt sind, Ihr Kind möchte Ihnen etwas Wichtiges mitteilen. Könnten Sie es doch nur verstehen! Bevor die Kinder ein Jahr alt werden, sind diese Laute aber nur selten bedeutungstragende Wörter. Es sind ganz einfach spielerische Stimmübungen. Durch solcherart Spiel lernt Ihr Baby, wie sein Mund funktioniert. Was es da lernt, ist ein wichtiges Teil des Puzzles. Um seinen ersten Geburtstag herum sagt es schließlich ein oder zwei richtige Wörter. Das ist ein spannender Anfang, gleichzeitig aber auch der krönende Abschluß monatelanger, zu diesem großen Ereignis hinführender Übungen.

Wie man Kontakt aufnimmt

Ein weiteres Puzzleteil, das bereits vorhanden ist, wenn die ersten Wörter auftauchen, ist die Fähigkeit zu sozialem Verhalten, das heißt, mit anderen Personen Kontakt aufnehmen zu können. Wenn Sie einmal darüber nachdenken, werden Sie leicht feststellen, daß Sprache zuerst und vornehmlich eine soziale Aktivität ist. Wir benutzen unsere Sprache in erster Linie, um unsere Bedürfnisse zu stillen, uns anderen Menschen zuzuwenden, uns verbunden zu fühlen und unsere Erfahrungen zu teilen.

Soziale Beziehungen entstehen im Leben eines Babys ganz leicht und sehr früh, obwohl Sie das auf Anhieb vielleicht nicht nachvollziehen können. Besinnen Sie sich aber nur auf das erste Lächeln Ihres Kindes. Es wirkte auf Sie zwar wie ein Lächeln, aber Sie waren sich nicht ganz sicher, worüber Ihr Baby lächelte. Freunde und Verwandte erzählten Ihnen womöglich, daß das nur Blähungen seien. Aber als Ihr Baby etwa fünf oder sechs Wochen alt war, wurde vollkommen klar – das Lächeln galt Ihnen! Ihr Kind zeigte das, was als «soziales Lächeln» bekannt ist, ein Lächeln als Reaktion auf einen anderen Menschen und das erste Anzeichen für den Beginn einer sozialen Beziehung.

Das aufregende Gefühl, das Eltern empfinden, wenn ihr Baby sie zum ersten Mal anlächelt, ist unbeschreiblich. Es ist, als ob Ihr Baby zu Ihnen gerade zum ersten Mal «Hallo!» gesagt hätte. Die Eltern erkennen, daß ihr Kind auf seinem Weg zu einem aktiven Partner in ihrer sozialen Beziehung zueinander einen großen Schritt vorwärts gemacht hat. Durch diese frühen sozialen Interaktionen entsteht bei den Babys der Wunsch zu kommunizieren und ihre Motivation, die dafür nötigen Fertigkeiten zu beherrschen.

Wie man eine Botschaft übermittelt

Das dritte Puzzleteil ist die Fähigkeit zur intentionalen Kommunikation. Damit meinen wir die Fähigkeit, durch eine absichtlich ausgeführte Tat einer anderen Person eine Botschaft zu übermitteln. Es mag Sie überraschen zu erfahren, daß dieses Puzzleteil eine ganze Weile braucht, um sich zu entwickeln. Obwohl Babys von Geburt an eindeutig kommunizieren, sind sie sich dessen doch nicht bewußt, bis sie nahezu ein Jahr alt sind, also erst ziemlich spät. Aber sie haben Glück, denn ihre Eltern gehen trotzdem auf ihre Bedürfnisse ein.

Die ersten Signale, obwohl nicht als solche intendiert, sind dafür ein beredtes Beispiel. Am deutlichsten zeigt sich das beim Schreien. Schon während der ersten Wochen hört sich das Schreien der kleinen Babys – je nach der Art ihres Mißbehagens – unterschiedlich an. Die Forschung hat nachgewiesen, was Eltern schon längst wußten: Wenn ein Baby Schmerzen hat, hört sich sein Weinen anders an, als wenn es hungrig ist oder sich langweilt. Zwar gibt es seiner Mutter diesen Unterschied nicht absichtlich zu verstehen, nichtsdestoweniger erhält sie ganz eindeutig eine Botschaft über sein Befinden und kann entsprechend reagieren. Klingt das Schreien so, als ob es Schmerzen hat, eilt sie ihm zu Hilfe. Zeigt es an, daß es Hunger hat, wird sie das, was sie gerade tut, möglichst rasch beenden, um ihr Baby dann zu füttern.

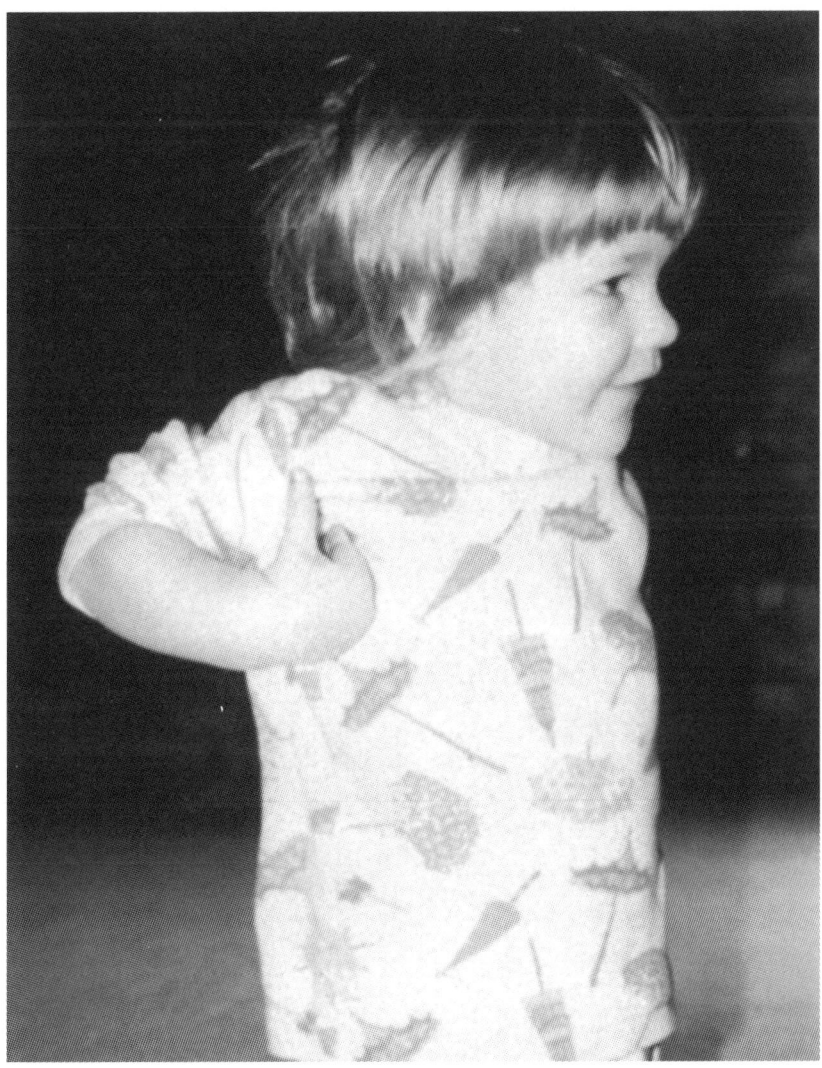

Babyzeichen funktionieren so gut, weil es so viel Spaß macht, sie zu benutzen und anzuschauen. Nehmen wir nur das hier vorgeführte Affe-Zeichen. Einer solchen Darbietung kann doch niemand widerstehen!

Hört es sich eher so an, als ob es sich langweilt, fängt sie vielleicht aus der Ferne an, mit ihm zu reden. Der Säugling ist sich nicht bewußt, daß er eine Nachricht übermittelt, sondern schreit als natürliche Reaktion auf seinen inneren körperlichen Zustand.

Sprache hingegen ist als intentionale (absichtliche) Kommunikation zu verstehen. Woher weiß man aber, wann die Mitteilungen eines Babys absichtlich kommen? Vergegenwärtigen Sie sich das folgende, bei Kleinkindern übliche Verhalten: Das Kind langt nach einem Spielzeug, kann es aber nicht erreichen. Es schaut seinen Papa an und dann wieder das Spielzeug. Sein Verhalten ist zielgerichtet. Es hat die Absicht, seinen Vater dazu zu bringen, ihm das Spielzeug zu reichen. Bemerkt der Vater das Verhalten, wird es vermutlich sein Ziel erreichen. Die Entwicklung einer Absicht erlaubt es dem Baby, bereits seine allerfrischesten Kommunikationsfertigkeiten als Mittel, etwas zu bekommen, einzusetzen. Jetzt kann es etwas, das zu wünschenswerten und vorhersagbaren Resultaten führt, eine wesentliche Funktion von Sprache.

Die Bildung von Begriffen

Auch die Beherrschung der intentionalen Kommunikation ist nur ein weiteres Teil im Sprachpuzzle. Babys müssen ebenfalls lernen, was es auf der Welt alles gibt, *worüber* man sprechen kann. Nehmen Sie beispielsweise so scheinbar simple Begriffe wie «Hund» und «Katze», die es zu erlernen gilt. Aus unserer Erwachsenenperspektive heraus erscheint das nicht weiter schwierig: Hunde bellen, Katzen miauen; Hunde knabbern wie besessen an ihrem Bauchfell, Katzen lecken bedächtig; Hunde benehmen sich wie Clowns, Katzen sind würdevoll. Aber das ist nur die Hälfte, wenn ein Begriff wie «Hund» entwickelt werden soll. Jedes Kind muß auch lernen, was ein Chihuahua, ein Collie, ein Pudel und ein Dackel gemeinsam haben, um als Hund bezeich-

Eltern wundern sich oft darüber, wie aufmerksam ihre Babys das, was sie um sich herum sehen und hören, verfolgen. Der 16 Monate alte Turner ist da keine Ausnahme. Hier benutzt er sein Babyzeichen für Lärm/Geräusch *und zeigt damit, daß er das Telefon läuten hört.*

net zu werden. Ein Chihuahua scheint in mancher Hinsicht mit der
Familie der Katzen mehr gemein zu haben als mit Lassie. Doch die lieben Kleinen finden das heraus und nicht nur das, sondern auch alles
andere, von Äpfeln bis zu Zebras.

Wie sie das alles im einzelnen bewerkstelligen, bleibt noch eins der
fesselndsten Geheimnisse der Sprachentwicklung. Was wir allerdings
wissen, ist, daß sie unglaublich emsig Informationen sammeln und
ihre Begriffe ständig verfeinern. Für kleine Babys ist es ganz selbstverständlich, Pferde, Kühe und Schafe alle für «Wauwau» zu halten und
alle Männer für «Papa». Darin zeigt sich ganz deutlich, daß sie einige
Grundbegriffe bilden – ein «Wauwau» ist zum Beispiel etwas mit vier
Beinen und einem Schwanz, und ein «Papa» ist ein erwachsener Mann.
Je mehr Erfahrungen das Kind sammelt, desto klarer werden ihm nach
und nach seine Begriffe, so daß es irgendwann versteht, daß Hunde
Hunde sind, Kühe Kühe und daß Papa nur der eine besondere Mann
ist, der es am Bauch kitzelt und abends zu Bett bringt. Sind Kinder in
der Lage, bestimmte Grundbegriffe zu bilden, schiebt sich in dem
Sprachpuzzle ein weiteres wichtiges Teil an seinen Platz. Um Wörter
korrekt verwenden zu können, müssen kleine Kinder zunächst einmal
begreifen, für welche Begriffe diese stehen.

Der Gebrauch von Symbolen

Fangen die Kleinen erst an zu verstehen, daß Wörter Begriffe reprä-
sentieren, hat sich noch ein weiteres Puzzleteil in das Sprachbild ein-
gefügt: die Fähigkeit, Symbole zu verwenden. Was sind Symbole, und
wie entwickeln die Babys ein Verständnis für deren Aussagekraft? Ein
Symbol ist etwas, das etwas anderes repräsentiert oder für etwas anderes steht. Eine Dollarnote ist zum Beispiel ein Symbol. Objektiv gesehen ist es nur ein Stück Papier ohne viel Wert. Nun sind aber die
Amerikaner übereingekommen, daß eine Dollarnote einen Teil ihres

Während eines Picknicks mit seiner Babyzeichen-Vorgängerin Kate weist der 12 Monate alte Brandon seine Mutter Lisa auf das Flugzeug hin, das er über sich hört (ein nach oben ausgestreckter Arm). Achten Sie auf Brandons Blickkontakt zu Lisa, ein deutliches Anzeichen für eine intentionale Mitteilung.

nationalen Vermögens verkörpert. Diese Übereinkunft verleiht der Dollarnote einen symbolischen Wert. Auch Sprache ist symbolisch, denn Wörter sind nur Laute, die für Begriffe stehen, über die wir uns unterhalten wollen. Möchten Sie zum Beispiel Ihren Kindern mitteilen, daß Sie jetzt zur Arbeit gehen, werden Sie höchstwahrscheinlich «Auf Wiedersehen» oder «Bis später» sagen. Diese Laute enthalten die Nachricht, die Sie zu übermitteln beabsichtigen.

Die Fähigkeit, Symbole zu verwenden, entwickelt sich schrittweise während des ersten Lebensjahres. Schiebt ein Kind einen Bauklotz über den Boden oder füttert es seinen Teddybär mit einem Stock, so zeigt es seine Fähigkeit, Symbole verwenden zu können – der Bauklotz dient als Symbol für ein Auto, der Stock als Symbol für einen Löffel. Mit Beginn des zweiten Lebensjahres beginnt es auch, Sprachsymbole zu verwenden. Begierig wird es den Sprachlauten, die es vernimmt, lauschen und sie als Symbole für seine sich entwickelnden Begriffe rekrutieren.

Zeichen als Symbole

Obwohl die ersten Wörter Ihres Babys der klare Beweis für die sich entwickelnde Sprache sind, ist es zum Verständnis der Rolle, die Babyzeichen spielen, trotzdem wichtig zu wissen, daß sich Sprachsymbole nicht auf Wörter beschränken. Wenn Sie zur Arbeit gehen, könnten Sie, statt «Auf Wiedersehen» zu sagen, ebensogut nur mit der Hand winken, Ihre Kinder würden trotzdem begreifen, was Sie ihnen damit zu verstehen geben wollen. Nonverbale Gesten wie das Winken mit der Hand oder ein Achselzucken sind Sprachsymbole, die dieselbe Funktion wie Wörter haben. Und genau wie die Wörter können sie benutzt werden, um unsere Ideen, Gefühle, Bedürfnisse und Wünsche auszudrücken.

Noch deutlicher wird der besondere Stellenwert nonverbaler Symbole, wenn wir an taub geborene Kinder denken. Viele von ihnen lernen vielleicht niemals, Wörter auszusprechen. Daß sie nicht sprechen, heißt aber nicht, daß sie keine Sprache benutzen. Viele gehörlose Kinder kommunizieren über ein System nonverbaler Zeichen und Gebärden, wie die American Sign Language (ASL), vergleichbar der Deutschen Gebärdensprache (DGS), die alle charakteristischen Merkmale einer gesprochenen Sprache hat, nur wird sie nicht gesprochen. Statt dessen wird die ASL durch Zeichen ausgedrückt – durch Gebärdensymbole, die genau wie Wörter für alle möglichen Dinge stehen, die es auf der Welt gibt. Wie hörende Babys setzen auch gehörlose Babys ein Sprachpuzzle zusammen, nur werden sie vermutlich das Sprechteil nicht einsetzen können. Trotzdem ist ihr Sprachpuzzle komplett, da es ihnen möglich ist, die gesprochenen Wörter der Sprache durch nonverbale Symbole zu ersetzen.

An welcher Stelle sitzen die Babyzeichen?

Was die mit der ASL konfrontierten tauben Babys können, nämlich Zeichen und Symbole benutzen, um sich zu «unterhalten», können die hörenden Babys auch. Glücklicherweise haben letztere mit den Wörtern nur vorübergehende Probleme – frustrierend ist es für sie trotzdem. Angetrieben von ihrem starken Bedürfnis, sich mitzuteilen, aber zunächst daran gehindert, weil sie noch keine Worte artikulieren können, kommt hörenden Babys die Möglichkeit, Wörter eine Zeitlang durch nonverbale Symbole ersetzen zu können, sehr gelegen. Wie wir im ersten Kapitel beschrieben haben, ist das Winken mit der Hand für «Auf Wiedersehen» eine einfache Geste, die die meisten Babys richtig zu gebrauchen lernen, bevor sie die Wörter dazu sagen können.

Bedenken Sie aber, daß «Bye-bye» oder «Ade» ganz besonders leicht zu sprechende Wörter sind. Viele andere sind für Babys weitaus

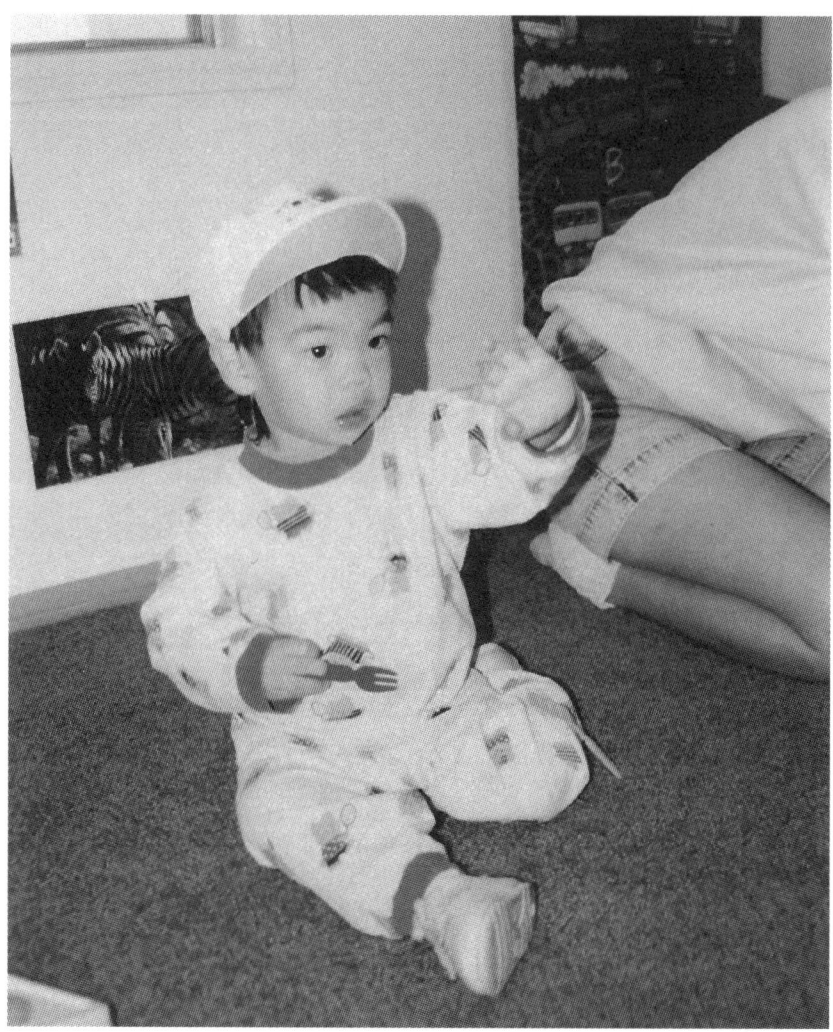

*Mond und Nachthimmel springen in den Bilderbüchern besonders ins Auge.
Mit ein Grund dafür, weswegen sich die Handflächendrehgebärde für Mond,
hier von einem 15 Monate alten Kind vorgeführt, als besonders beliebt erwiesen hat.*

schwieriger auszusprechen. So ist wohl kaum anzunehmen, daß ein 12 Monate altes Kind Wörter wie *Elefant* oder *Känguruh* meistert. Trotzdem haben sie diese Begriffe durch einen Zoobesuch oder beim Betrachten von Bilderbüchern vermutlich bereits gebildet und sind nun bestrebt, ihre Errungenschaften mit den für sie wichtigsten Personen zu teilen. Warum sollen wir ihnen also nicht zu Hilfe kommen, indem wir dafür nonverbale Symbole erfinden? Den Finger an die Nase führen oder mit dem Körper hüpfen sind Bewegungen, die die meisten Kinder gegen Ende ihres ersten Lebensjahres leicht zustande bringen.

Obwohl wir also dazu neigen, Sprache mit Sprechen gleichzusetzen, sollten wir bedenken, daß Wörter nicht die einzige Art Sprachsymbole sind. Babyzeichen stellen eine brauchbare Alternative dar, Kindern beim «Sprechen» zu helfen, bevor sie sprechen können. Gleichzeitig unterstützen sie sie dabei, sich auf vielen anderen Gebieten weiterzuentwickeln, wozu auch gehört, bei der Vollendung des *ganzen* Sprachpuzzles voranzukommen.

Der Vorteil von Babyzeichen

Als die kleine Jennifer aus Kapitel 1 ihrem Vater ein Buch brachte und anfing, die Tiere darin mit Babyzeichen zu benennen, lieferte sie damit den klaren Beweis, daß bei ihr wichtige Teile des Sprachpuzzles schon ihren Platz eingenommen hatten. Während dieser Interaktion lernte der Vater eine Menge über seine Tochter. Er erfuhr, daß sie zu ihm eine innige *soziale Beziehung* aufgebaut hatte, die sie danach streben ließ, einen Weg zur Kommunikation mit ihm zu finden. Er erfuhr, daß sie zur *intentionalen Kommunikation* als Mittel, Informationen zu geben und zu erhalten, in der Lage war. Er erfuhr, daß sie die schwere Aufgabe bewältigt hatte, sich von den einzelnen Tieren *einen Begriff zu bilden* – festzustellen, was ein Zebra und was ein Nilpferd ausmacht.

Und er lernte, daß sie genau verstanden hatte, was *Symbole* sind. Ohne Babyzeichen, die all dies signalisieren, hätte sich ihr Papa lediglich darüber gefreut, daß sie auf Befragen auf Dinge zeigen konnte und gerne kuschelte – mehr nicht.

Und wie steht es mit Jennifer? Wir dürfen nicht übersehen, daß auch sie bei dieser Interaktion Wichtiges lernte. Durch den erfolgreichen Gebrauch der Zeichen wurde ihr klar, daß sie mit vielen Dingen, die sie vermutet hatte, *richtig* lag. Es stimmte, daß die Tiere in dem Buch in die von ihr gebildeten Kategorien gehörten («Das *ist* ein Nilpferd!»), daß Symbole dazu da sind, diese Informationen weiterzugeben, daß das Benennen der Dinge Papa zum Lachen brachte und daß Bücheranschauen ein toller Weg ist, mehr über die Dinge zu erfahren, die einen interessieren. Gleichzeitig versorgte die begeisterte Antwort ihres Vaters sie mit weiterem Stoff zum Nachdenken. Seine Unterhaltung führte ihr vor, wie Wörter auszusprechen waren; an den ganzen Sätzen konnte sie ihr Begriffsvermögen üben, sie konnte ihrer Liste neue Begriffe hinzufügen, und sie erlebte, daß er sie ganz wunderbar fand. Kurz, für *beide*, Vater wie Tochter, barg dieses Miteinander eine Welt von Dingen in sich. Natürlich hätten sie dasselbe Ziel erreicht, hätte Jennifer die Wörter *Elefant* und *Nilpferd* gebraucht. Nur wäre es schade gewesen, so lange warten zu müssen (bis sie das gekonnt hätte).

Bei den vielen kleinen Anregungen, die die Babyzeichen mit sich bringen, verwundert es nicht, daß sich die Kinder, die sie im Rahmen unserer Untersuchung verwendeten, intellektuell rascher entwickelten als diejenigen, die sie nicht benutzten. Als die Kinder beider Gruppen beispielsweise zwei Jahre alt waren, konnten die Babyzeichen-Benutzer die Zeichen nicht nur zur Benennung verwenden, sondern sie kannten im Durchschnitt auch fünfzig Wörter mehr als ihre keine Babyzeichen benutzenden Altersgenossen. Zudem wurde ihr Vorsprung im Laufe der Zeit nicht geringer. Ein Jahr später, im Alter von drei Jahren, verfügten die Babyzeichen-Benutzer sowohl was die Aussprache als auch was das Verständnis betraf, über einen Wortschatz, wie er eigentlich erst mit vier Jahren zu erwarten gewesen wäre! Auch bei Tests zu ihrer geistigen Entwicklung, phantasiereichem Spielen und ihrer Fähigkeit, sich zu erinnern, wo bestimmte Dinge zu finden waren, schnitten sie bedeutend besser ab.

Diese Kinder standen mit ihrer vorgestellten beziehungsweise realen Umwelt ganz eindeutig im Einklang. Ihr Kind kann das auch! Wird es nicht Zeit, damit anzufangen?

Kapitel 3

Wie fängt man an?

«Als ich zum ersten Mal von den Babyzeichen hörte, dachte ich: ‹Von Zeichensprache verstehe ich aber nichts. Je mehr ich dann darüber erfuhr, desto mehr wurde ich gewahr, sehr zu meiner Überraschung, daß ich sie praktisch schon benutzte, ohne es zu wissen. Es geht so leicht!»

Die Mutter des 16 Monate alten Anthony

Haben die Eltern in unseren Kursen erst einmal gehört, auf welch hervorragende Art und Weise die Babyzeichen ihren Kindern helfen können, soll es immer gleich losgehen. In diesem Kapitel wird beschrieben, wann und mit welchen Zeichen man anfangen und wie häufig man die Zeichen benutzen sollte.

Wann man anfängt

Sobald Ihr Baby beginnt, Interesse daran zu zeigen, sich über Dinge, die es sieht, auszutauschen, sollten Sie mit den Babyzeichen anfangen. In der Regel wird dies um den neunten oder zehnten Monat herum geschehen, es kann bei Ihrem Kind aber auch etwas früher oder später der Fall sein. Wie bei vielen anderen Entwicklungserscheinungen sind Babys auch hinsichtlich ihres Mitteilungsbedürfnisses nicht alle gleich, und Sie können am besten entscheiden, wann diese Bereitschaft da ist.

Eine gute Zeit, um auf Veränderungen zu achten, ist die zwischen dem siebten und achten Monat. Sowie Ihr Baby sich über Dinge «unterhalten» zu wollen scheint, ist der Zeitpunkt gekommen, es mit einigen Babyzeichen zu versorgen, um ihm weiterzuhelfen.

Woran können Sie nun erkennen, daß sich Ihr Kind unterhalten will? Eines der untrüglichsten Zeichen ist ein gesteigertes Interesse an den Menschen und Dingen um es herum sowie an den Beziehungen zwischen ihnen. Es wird verstärkt auf Dinge zeigen, und dieses Zeigen wird vielleicht von einem «Da, da!» begleitet, als wollte es fragen: «Was ist das?» Wenn Sie in den Park gehen, bemerken Sie beispielsweise, wie es auf die Rutsche, die Schaukel oder ein anderes Baby im Kinderwagen zeigt. Und wenn Sie so reagieren wie die meisten Eltern, werden Sie mit Freuden die Bezeichnung für alles liefern. Neben dem Zeigen auf Dinge wird sich das Interesse Ihres Kindes vermutlich darin kundtun, Ihnen Spielsachen oder andere Gegenstände zu bringen und Ihnen hinzuhalten, so als ob es die Bezeichnung erfragte. All diese Begebenheiten zeigen zuverlässig an, daß Ihr Kind sich mit Ihnen über seine Erfahrungswelt austauschen möchte und daß es reif für Babyzeichen ist.

Eine zweite Veränderung, die Sie in etwa diesem Alter wahrnehmen können, ist ein zunehmendes Interesse an Bilderbüchern. Statt sich darauf zu beschränken, die Seiten herauszureißen, fangen die Kinder an, ihre Aufmerksamkeit auf das Betrachten der Bilder zu richten. Typischerweise reagieren Eltern auf diesen ungewohnten Wissensdurst, indem sie auf die verschiedenen Bilder zeigen und fragen: «Was ist das?» Die Benennung liefern sie dann gleich selbst, weil sie ja wissen, daß ihr Kind die Antwort noch nicht geben kann. Ihre neue Anteilnahme demonstrieren die Kinder auch, indem sie auf Bilder deuten, die sie aus irgendeinem Grund fesseln. Häufig geht ihr Zeigen dann mit einem fragenden Blick und dem Suchen nach Blickkontakt einher, so als ob sie nach dem Namen für diesen Gegenstand fragen wollen. Beobachten Sie Ihr Kind aufmerksam, sein Verhalten wird Ihnen dann signalisieren, wann die Zeit gekommen ist, mit einigen einfachen Zeichen zu beginnen.

Was ist, wenn Ihr Kind bereits Wörter benutzt? Ist es dann zu spät? Auch wenn es älter als neun oder zehn Monate ist oder bereits anfängt, einzelne Wörter zu sagen, gibt es noch ausreichend gute Gründe, es mit Babyzeichen bekannt zu machen. Unsere Forschung hat gezeigt, daß Kinder bis zum Alter von zweieinhalb Jahren jederzeit von Babyzeichen profitieren. Bedenken Sie, daß der Wortschatz eines Kleinkindes am Anfang charakteristischerweise aus ein paar einfachen Wörtern besteht und neue nur sehr langsam hinzukommen. Wörter wie *Krokodil*, *Giraffe* und *Schaukel* sind für kleine Kinder schwer auszusprechen, dennoch interessieren sie sich auf Ausflügen in den Zoo oder Park oder beim Bilderbuchanschauen für diese Dinge. Sie wollen sich mit Ihnen darüber «unterhalten», können es aber nicht, weil die Wörter zu lang und zu kompliziert sind. Babyzeichen machen es Ihrem Kind möglich, diese Hindernisse zu überwinden und sich über eine größere Vielfalt von Dingen, als ihr Wortschatz es ihnen erlauben würde, erfolgreich mitzuteilen. Hat Ihr Baby also schon seine Bereitschaft zur Kommunikation bewiesen, sei es mit oder ohne Wörter, sollten Sie mit den Babyzeichen gleich anfangen.

Anfängerzeichen

Zunächst sollten Sie sich die «Zeichen», die Sie Ihrem Baby schon beibringen, bewußtmachen. Sind Sie wie die meisten anderen Eltern, benutzen Sie Babyzeichen, ohne es selbst zu merken.

Vielleicht haben Sie Ihrem Kind längst Winke-winke-Machen beigebracht. Das tun fast alle Eltern und strahlen vor Stolz, wenn ihr Sprößling die Geste bei Großmamas Verabschiedung dann auch wirklich ausführt. Dieses Winken zum Abschied ist lediglich eines von vielen herkömmlichen Zeichen, die wir tagtäglich benutzen, um miteinander zu kommunizieren. Für *ja* mit dem Kopf zu nicken und ihn für *nein* zu schütteln sind zwei weitere. Babys übernehmen diese Gesten, obwohl die Eltern sie ihnen nicht extra beibringen. Einige Eltern machen «Sch, sch» und legen ihren Finger an die Lippen, um das Kind wissen zu lassen, daß irgend jemand schläft. Viele Babys machen das nach, wenn sie zu dem Vorgang, daß jemand schläft, sei es der Papa, der Hund oder jemand im Fernsehen, auch ihren Kommentar abgeben wollen. Achten Sie auf solche Verhaltensweisen, die Sie ganz automatisch zeigen, und anerkennen Sie, was Ihr Baby leistet, wenn es diese Zeichen benutzt, um sich Ihnen mitzuteilen. Da die Kinder diese Zeichen von Geburt an sehen, gehören sie oft zu den ersten Babyzeichen, die sie lernen.

Führen Sie fünf «Anfängerzeichen» mit Erfolgsgarantie ein. Im Laufe der Jahre lehrten wir unsere eigenen Kinder Babyzeichen, und viele andere Familien haben wir auf den Weg gebracht. Aufgrund unserer Forschungen sind wir davon überzeugt, daß die Zeichen für *Hut, Vogel, Blume, Fisch* und *mehr* für die Babys am leichtesten zu lernen und zudem am nützlichsten sind. Damit Sie ein Gefühl dafür bekommen, Zeichen und Wörter zusammen zu benutzen, empfehlen wir Ihnen, Ihre Babyzeichen-Versuche mit diesen «Anfängerzeichen» zu beginnen:

1. *Hut* – Klopfen Sie sich mit Ihrer flachen Hand, Handfläche nach unten, auf den Kopf.
2. *Vogel oder Piepmatz* – Rudern Sie seitlich vom Körper mit einem oder beiden Armen wie mit Vogelflügeln.
3. *Blume* – Machen Sie mit Ihrer Nase eine schnuppernde Bewegung, rümpfen Sie dazu die Nase, als ob Sie an einer Blume röchen.
4. *Fisch* – Öffnen und schließen Sie Ihre Lippen, als ob Sie wie ein Fischmaul «schmatzten».
5. *Mehr* – Pochen Sie mit dem Zeigefinger in die Innenfläche Ihrer anderen Hand.

Denken Sie daran, daß es sich bei diesen Zeichen nur um Vorschläge handelt. Es ist nicht Ziel der Babyzeichen, Ihrem Kind eine Anzahl bestimmter Zeichen beizubringen. Vielmehr handelt es sich darum, die Beziehung zwischen Ihnen beiden zu intensivieren und Ihrem Baby ein Gefühl der Zusammengehörigkeit zu vermitteln, das entsteht, wenn man sich mit anderen verständigen kann. Fühlen Sie sich also völlig frei, die Form dieser Zeichen nach Ihrem Gutdünken abzuändern.

Sagt Ihr Kind bereits eines oder mehrere der genannten Wörter, erübrigen sich die Zeichen. Wählen Sie statt dessen etwas anderes, Neues, worüber sich Ihr Kind unterhalten kann. Sagt es beispielsweise schon «Muschi» für «Katze», was für einige Kleinkinder leicht auszusprechen ist, dann nehmen Sie ein anderes Zeichen, mit dem Sie arbeiten wollen. Vielleicht eines der folgenden:

1. *Ente* – Strecken Sie Ihre Finger aus, und öffnen und schließen Sie sie zum Daumen hin wie eine quakende Ente.
2. *Katze* – Streichen Sie sich mit den Fingern über den Handrücken, als ob Sie eine Katze streichelten.
3. *Hund* – Öffnen Sie Ihren Mund, und atmen Sie ganz flach, als ob Sie wie ein Hund hecheln.
4. *Flasche/etwas zu trinken* – Führen Sie Ihren Daumen an die Lippen, und neigen Sie den Kopf wie beim Trinken nach hinten.
5. *Alles weg* – Bewegen Sie Ihre ausgestreckte Hand, Innenfläche nach unten, vor Ihrer Brust vor und zurück.

Gefallen Ihnen oder Ihrem Baby diese Zeichen nicht, scheuen Sie sich nicht, die Vorschläge in Kapitel 9 durchzugehen, oder erfinden Sie einfach selber welche. Sie sind die kompetenteste Instanz, um zu entscheiden, was für Sie und Ihr Baby am besten paßt.

Ein Hut ist etwas, das den Kopf bedeckt; ein Begriff, der sich der 14 Monate alten Leanne besonders eingeprägt hatte und worüber sie bei dem geringsten Anlaß «reden» wollte.

*Das Vogelhäuschen im Hof war ein ausgezeichneter Ort, um Vögel zu beob-
achten. Hier benutzt der 18 Monate alte Brandon sein Babyzeichen für
Vogel (mit den Armen schlagen), um seiner Mutter zu berichten, daß die
Spatzen wieder da sind.*

Zum Glück gibt es überall Blumen – in den Gärten, auf Tapeten, in Büchern und auf der Kleidung. Ein Grund, weshalb die Kleinen das Blumen-Zeichen so schnell begreifen, ist: Sie können es so oft üben. Hier zeigt der 10 Monate alte Bryce ganz deutlich das entsprechende Schnuppern.

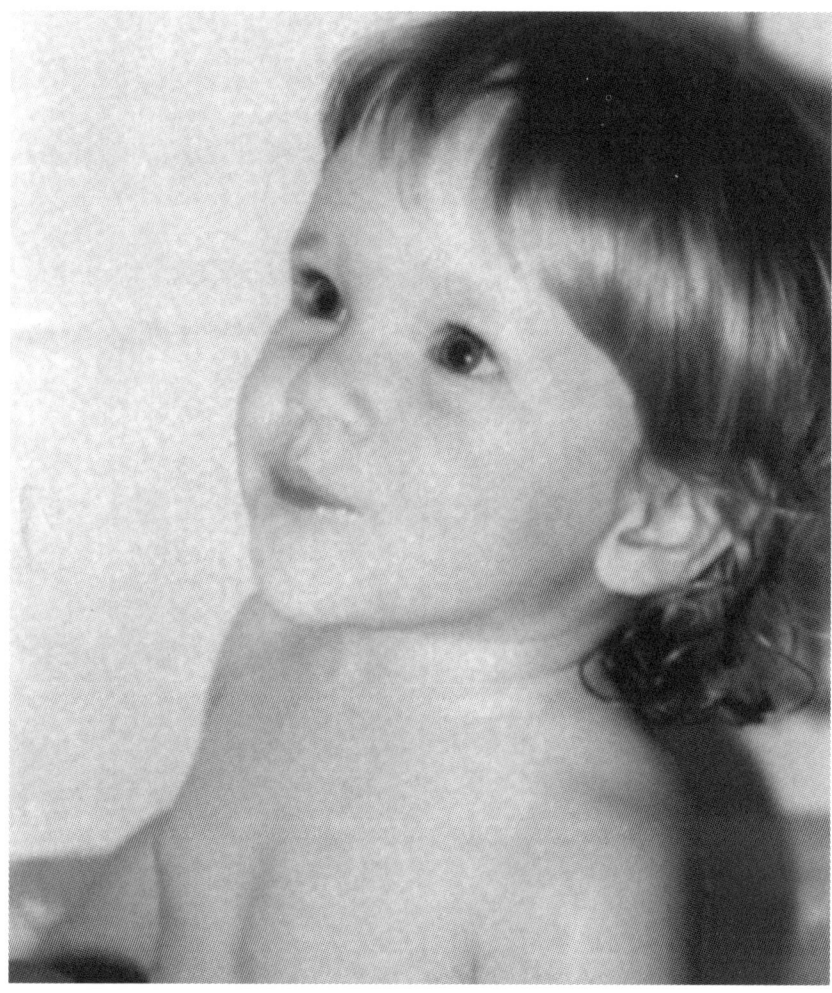

*Das Babyzeichen für Fisch, das hier vorgeführt wird (Lippenschmatzen), ler-
nen Kleinkinder besonders leicht. Ein Grund ist vielleicht, daß es sich dabei
um die leichte Abwandlung einer Bewegung handelt, die sie schon kennen –
das Küssen. Hier bietet ein Bad in der Wanne die Gelegenheit, sich über den
Plastikfisch «zu unterhalten».*

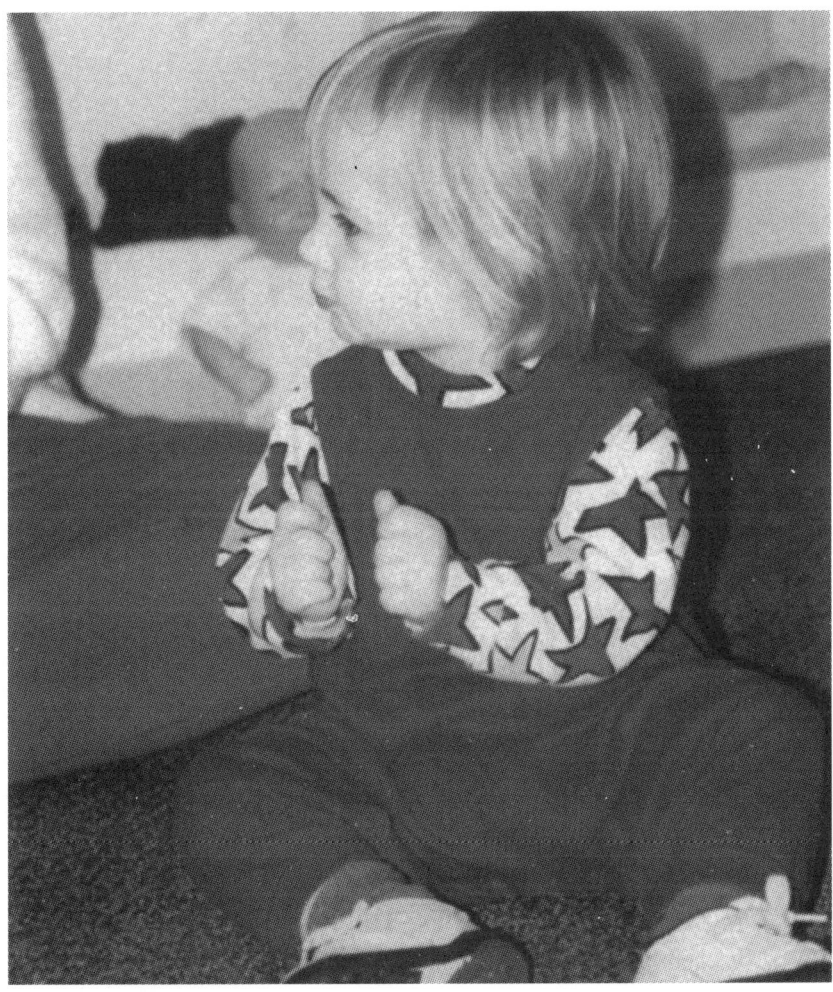

Das Zeichen für mehr *eignet sich ausgezeichnet für Anfänger, denn es ist nützlich und leicht zugleich. Hier verwendet die 13 Monate alte Emma ihre Version des Zeichens (beide Fäuste gegeneinanderschlagen), um in der Kindertagesstätte nach noch mehr Goldfischkräckern zu verlangen.*

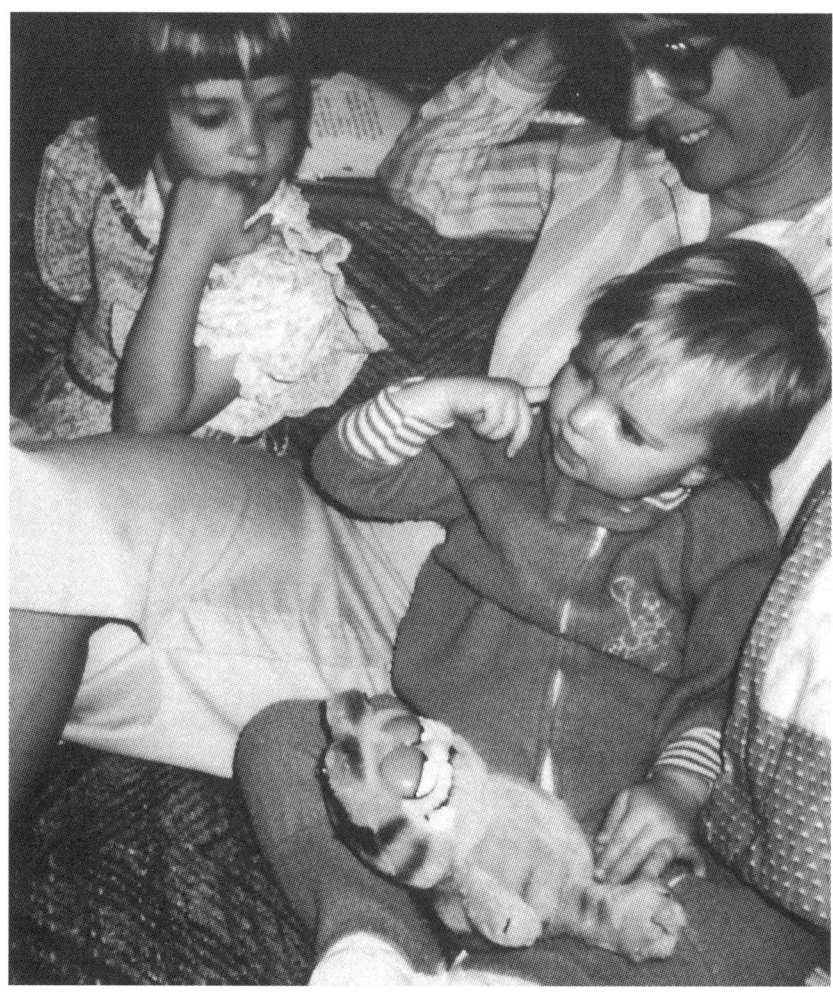

Für Muschikatze haben sich diverse Babyzeichen bewährt. Hier demonstriert die 13 Monate alte Carolyn die Schnurrbarthaargeste, während sie eine Stoffkatze auf dem Schoß hat.

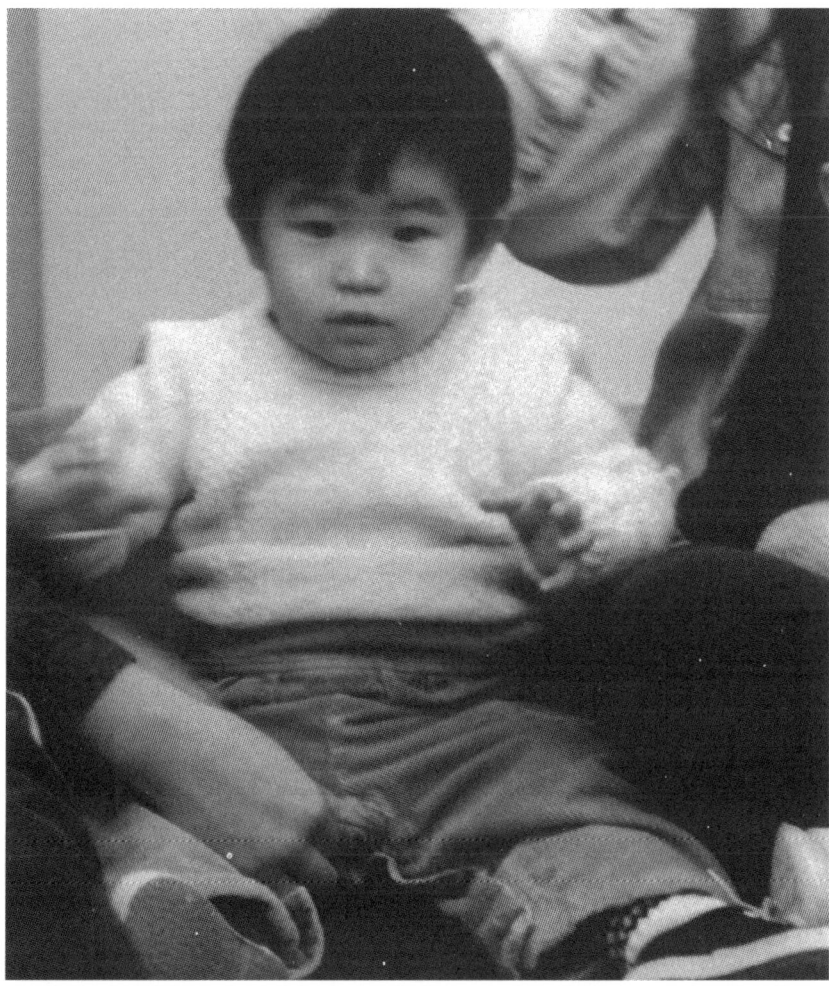

Das Babyzeichen für Alle/alle ermöglicht es den Kleinen, ihre Eltern wissen zu lassen, wann sie aufgegessen haben, wann Gegenstände verschwunden sind und selbst, wann das Badewasser abgelaufen ist. Die hier gezeigte Bewegung (das Vor- und Zurückbewegen der ausgestreckten Handflächen) kann mit einer oder beiden Händen ausgeführt werden.

Benutzen Sie Zeichen und Wort immer zusammen. Babyzeichen helfen Ihrem Kind beim «Sprechen», indem Sie ihm eine Alternative bieten, das sollten Sie im Kopf behalten. Hört es das Wort und sieht gleichzeitig das Zeichen, so stehen ihm statt nur einer zwei Möglichkeiten zur Verfügung. Einige Wörter, wie *Ball* oder *hoch*, werden für Ihr Baby leichter zu lernen sein. In solchen Fällen entscheidet es sich eventuell gleich von Anfang an für das Wort. Während andere Wörter, wie zum Beispiel *Blume*, schon etwas schwerer sind, weshalb es das Zeichen wählt. Benutzen Sie Babyzeichen und Wörter zusammen, so lassen Sie ihm beide Türen offen. Hinzu kommt noch, daß Ihr Baby, auch wenn es mit dem Zeichen anfängt, lernt zu verstehen, was Sie sagen; das ist ein Plus, denn es erleichtert ihm herauszufinden, wie es das Wort aussprechen muß.

Spenden Sie viel Lob, Ermutigung und Begeisterung. Damit Ihr Baby die Zeichen benutzt, muß es für seine Anstrengungen immer wieder belohnt werden. Kinder lieben Elternlob und reagieren positiv auf Worte des Ansporns. Ein breites Lächeln und ein fröhliches «Gut!» tragen wesentlich dazu bei, daß Lernen Spaß macht. Belohnen Sie erste zaghafte Versuche, und Ihr Kind wird die Babyzeichen schnell aufgreifen, um mit Ihnen ins Gespräch zu kommen. Je mehr Sie sich für Babyzeichen begeistern, desto begeisterter wird Ihr Kind sein.

Wiederholung ist der Schlüssel zum Lernen

Je öfter ein Baby das Zeichen sieht, desto leichter lernt es dieses. Um sich daran zu erinnern, die Zeichen auch häufig zu gebrauchen, baut man sie am besten in den Tagesablauf ein: beim Windelwechsel, zur Essenszeit, während des Badens und beim Zubettbringen. Hängen Sie das Bild eines Hundes über den Wickeltisch, und sprechen Sie bei jedem Windelwechsel unter Verwendung des Zeichens und des Wortes über

den «Wauwau». Beim Zubettbringen wählen Sie ein besonderes Bilderbuch über Hunde aus. Damit Sie Ihrem Kind bei jeder Mahlzeit die Babyzeichen für Vogel und Blume beibringen können, entscheiden Sie
sich für eine Platzdecke und ein Lätzchen mit dem entsprechenden
Muster. In der Badewanne geben Sie ihm einen Plastikfisch zum Spielen, und am Kühlschrank befestigen Sie einen Magnetfisch. Als Imbiß
zwischendurch können Sie es mit Goldfischkräckern probieren, und
wenn die aufgegessen sind, fragen Sie Ihr Baby, ob es noch «mehr»
möchte. All dies sind gute Gelegenheiten, sicherzustellen, daß Ihr Kind
mit den Babyzeichen, die Sie ihm beibringen wollen, in Berührung
kommt. Nutzen Sie alle möglichen Spielsachen und Bilder, die Sie zur
Hand haben, und trachten Sie danach, diese mit angenehmen und leicht
zu wiederholenden Routinehandlungen zu verbinden.

Zusätzlich zu den Gewohnheiten im Hause sollten Sie auch auf Fa-
milienausflügen nach Möglichkeiten suchen, die Babyzeichen zu benutzen. Zeigen Sie auf die Vögel im Park, auf die Blumen in Nachbars
Garten, auf Spielzeughunde in der Einkaufspassage und auf die Gold-
fische im Aquarium beim Kinderarzt. Sie werden sich wundern, wie
oft Sie die Zeichen anwenden können und wie leicht sie zu einem
festen Bestandteil Ihrer täglichen Routine werden.

Heben Sie das einzelne Zeichen hervor, indem Sie es mehrere Male
wiederholen. Die Unterhaltung Erwachsener mit Babys ist in typischer Weise durch Wiederholungen gekennzeichnet. Deuten Sie beispielsweise auf einen Vogel, der sich hoch oben in einem Baum nieder-
läßt, werden Sie das Wort vermutlich mehrmals sagen: «Oh, ein
Piepmatz! Schau, den kleinen Piepmatz! Sieh mal, dort auf dem Baum
ist ein Piepmatz!» Diese Wiederholungen helfen den Kindern, genau
zu identifizieren, auf welches Wort es ankommt, welches es behalten
soll. So sollten Sie es auch mit den Babyzeichen machen. Benutzen Sie
in derartigen Situationen das Zeichen für Vogel gleichzeitig mit dem
Wort, so wird Ihr Baby den Zusammenhang zwischen dem Zeichen,
dem Wort und dem Gegenstand bald heraushaben. Auf diese Weise

gelangt es zu der Erkenntnis, daß es für alle Dinge auf der Welt Namen gibt, die man benutzt, um über diese Dinge zu reden. Sie werden feststellen, daß das wiederholte Vormachen der Zeichen ganz automatisch kommt, genau wie bei den Wörtern.

Verwenden Sie jedes Babyzeichen mit vielen verschiedenen Beispielen. Benutzen Sie stets das Zeichen für *Hund*, wenn Sie auf jedwede Art von Hund stoßen, Ihr Kind wird dann lernen, daß das Zeichen für *alle* Hunde gilt – richtige Hunde, Spielzeughunde, Bilder von Hunden – und nicht nur für den eigenen Hund, der zur Familie gehört. Verwenden Sie das Zeichen für *mehr*, wenn Sie Ihr Kind fragen, ob es mehr Kekse oder mehr Saft haben möchte oder ob Sie das Buch noch einmal vorlesen sollen. Benutzen Sie das Zeichen für *alles weg* («allealle»), wenn es seine Flasche ausgetrunken hat, wenn Flugzeuge außer Sicht sind, und sogar, wenn das Badewasser abgelaufen ist.

Die stete Wiederholung des Zeichens, wenn Sie auf ein weiteres Exemplar desselben Gegenstandes treffen, lehrt Ihr Kind, daß sich die Babyzeichen, genau wie die Wörter, auf jeden Vertreter einer Kategorie beziehen können. Es wird nicht lange dauern, und es hat herausbekommen, welche Merkmale die Vertreter einer Kategorie gemeinsam haben. Mit anderen Worten, es hat sich dann einen Begriff von diesem Gegenstand gebildet. Und diese Begriffe, sei es nun die Abgrenzung zwischen Hund und Katze, kalt gegen warm oder hoch versus runter, sind die Bausteine der kindlichen Intelligenz. Babyzeichen lenken die kindliche Aufmerksamkeit auf die Gegenstände in seiner Umgebung und beschleunigen diesen Prozeß ungemein.

Achten Sie auf die Fortschritte Ihres Babys

Halten Sie Ausschau nach den ersten Anzeichen für Fortschritte. Es gibt eine ganze Reihe von Hinweisen, die zeigen, daß Ihr Baby auf diese neue Art der Verständigung anspricht. Zuerst bemerken Sie viel-

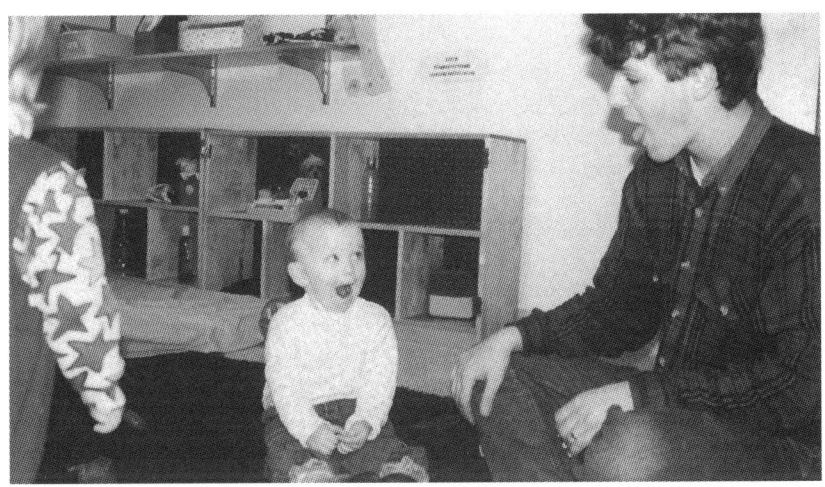

Ihr Papa ist einer von Nyssas begeistertsten Babyzeichen-Lehrern. Schauen Sie, wie konzentriert sie auf dem oberen Bild sein Gesicht beobachtet – und er das ihre –, als er das Zeichen für Frosch vormacht und sie es nachahmt. Unten sehen wir beide gerade mitten beim Unterricht. Gespannt betrachtet sie seine Hände, während er das Zeichen für Hinein vorführt.

leicht, daß es mehr auf ihr nonverbales Verhalten achtgibt. Wir können
uns beide daran erinnern, wie fasziniert unsere eigenen Kinder waren,
als wir im Anfangsstadium unseres Babyzeichen-Unterrichts die Nase
rümpften und wiederholt «schnupperten», wenn wir im Garten auf
eine Blume zeigten. Auch Ihr Zeichenmachen wird die Neugier Ihres
Babys erregen, und es wird beginnen, Sie in Erwartung eines neuen
«Wortes» zu beobachten. Es kann auch sein, daß es Ihnen ein Spielzeug oder ein Buch bringt und dann fragend Ihre Hände betrachtet.
Diese Verhaltensweisen lassen erkennen, daß es zu verstehen beginnt,
wie wichtig diese Zeichen sind, um mit Ihnen in Verbindung zu treten.
Beobachten Sie, wie Ihr Baby Sie beobachtet, das sind Andeutungen
für erste Fortschritte.

Zusätzlich sollten Sie sich vergewissern, ob Ihr Baby die Bedeutung der Zeichen versteht. Babys verstehen mehr Wörter, als sie aussprechen können, ähnlich ist es mit den Babyzeichen, sie begreifen sie,
bevor sie sie benutzen. Schaut Ihr Kind beispielsweise auf den Hund,
wenn Sie das *Hund*-Zeichen machen, oder bringt es Ihnen den Spiel-
zeugfisch aus der Badewanne, wenn Sie mit den Lippen schmatzen, so
zeigt dieses Verhalten, daß es die Bedeutung der Zeichen verstanden
hat.

Der wichtigste Fortschrittsbeweis ist selbstverständlich, wenn es
versucht, Ihre Zeichen zum ersten Mal nachzuahmen. Eltern finden es
unbeschreiblich aufregend, wenn ihre Kinder anfangen, Babyzeichen
zu benutzen, um sich mit ihnen zu verständigen. Beachten Sie jegliche
Anstrengung, die Ihr Baby unternimmt, um ein Zeichen zu produzieren, egal wie ungeschickt diese ersten Versuche ausfallen mögen, und
reagieren Sie begeistert. Denken Sie daran, daß die ersten Wörter eines
Kindes in der Regel unbeholfene Imitationen der Erwachsenenwörter
sind. Obwohl ein Erwachsener beispielsweise «Ball» sagt, wird das
Kind vermutlich «Ba» sagen. Mit den Babyzeichen ist es ähnlich.

Nehmen wir die Erfahrungen von Dillon und seiner Familie mit
dem Zeichen für *Ente* als Beispiel. Wie wir vorgeschlagen hatten,

ließen seine Eltern ihre Hände «Quak» machen, indem sie sie vom Daumen bis zu den Fingerspitzen öffneten und schlossen. Obwohl sie ihre Finger dabei immer ausstreckten, krümmte Dillon die seinen, eigentlich öffnete und schloß er seine Faust. Seine Geste funktionierte, weil seine Eltern ihn verstanden. Sie hatten erkannt, daß auch unbeholfene Versuche Anzeichen für wirkliche Fortschritte sind und Lob verdienen. Und wenn Dillon es niemals bis zur Erwachsenenversion gebracht hätte? Auch das wäre in Ordnung gewesen. Bedenken Sie, daß Kommunikation das Ziel ist, nicht Perfektion.

Jedes Elternteil will wissen, wie lange es dauert, bis sein Baby Fortschritte wie die soeben beschriebenen zeigt. Tage, Wochen oder Monate? Wir kennen Fälle für alle Varianten – und jedesmal gab es einen guten Grund. Die Schnelligkeit, mit der ein Baby die Zeichen aufnimmt, hängt von vielen Faktoren ab: vom Alter, wie oft es das Zeichen sieht, ob es schon mit Babyzeichen vertraut ist oder nicht, von seinem Interesse an dem Gegenstand und ob es sich gerade besonders für Kommunikation interessiert oder lieber für etwas anderes – zum Beispiel die Bücherregale hinaufzuklettern. Eines sollten Sie sich auf jeden Fall merken: Machen Sie die Zeichen zu einem festen Bestandteil Ihrer Konversation, damit sie da sind, wenn *Ihr Kind* sie braucht.

Alle Babys sind verschieden

Sie sollten darauf vorbereitet sein, daß es auf das Alter Ihres Babys ankommt. Wie alt Ihr Kind ist, wenn Sie mit den Babyzeichen beginnen, wird für die Zeit, die es braucht, um zu begreifen, worum es geht, mit Sicherheit eine Rolle spielen. Grob gesagt: Je kleiner Ihr Baby ist, desto *länger* wird es dauern, bis es sein erstes Zeichen lernt. Um zu verstehen, warum das so ist, denken Sie nur an die Zeit zurück, als Sie Ihrem Kind eine Rassel hinhielten, damit es danach griff. War es *sehr* klein – sagen wir mal zwei oder drei Monate –, konnte es seine Augen vielleicht noch nicht darauf fokussieren, es schlug vielleicht mit den Händen in die Luft und strampelte ohne Grund mit den Beinen, während die Rassel an ihrer Stelle verblieb. War es aber bereits fünf oder sechs Monate alt, als es die Rassel zu Gesicht bekam, grapschte es wahrscheinlich nur ein bißchen herum und meisterte die Greifbewegung dann schnell.

Daß sehr kleine Babys Zeit brauchen, um eine so komplizierte Angelegenheit wie das Greifen nach einem Gegenstand zu bewerkstelligen, überrascht nur wenige Eltern. Schließlich müssen bei dieser Tat viele Fertigkeiten zusammenkommen. So ist es auch mit den Babyzeichen. Je kleiner ein Baby ist, desto schwerer fällt es ihm, die Erinnerungs-, Bewegungs- und Aufmerksamkeitsfähigkeit, die zum Erlernen dieser wenigen ersten Zeichen nötig sind, zu koordinieren. Deshalb begreifen ältere Babys sie oft auch schneller als jüngere. Aber egal, wie alt Ihr Kind ist: hat es einmal die Hürde des ersten Zeichens genommen, hat es die Anfangszeichen erst einmal gelernt, ist es auf dem besten Wege.

In Anbetracht der Tatsache, daß die Zeichen leichter zu lernen sind, je älter das Kind ist, meinen Sie vielleicht: «Dann können wir ja noch warten.» Ein Grund, nicht zu warten, ist ganz einfach der, daß es schade wäre, unnötig viele Gelegenheiten zu verschenken, um mit Ihrem Baby zu kommunizieren, zumal es mit Hilfe der Babyzeichen in diesen dazwischenliegenden Monaten möglich wäre. Aber auch etwas anderes ginge dann verloren. Erinnern Sie sich noch daran, daß unsere Forschungen gezeigt haben, daß die Arbeit mit den Babyzeichen Ihrem Kind *hilft*, sprechen zu lernen? Um Wörter zu lernen, muß man sie hören – und oft hören. Uns wurde immer wieder bestätigt, daß sich Eltern, sobald sie beginnen, Ihren Babys die Zeichen beizubringen, mit ihren Kindern viel *öfter* unterhalten als vorher – sie benennen Dinge, stellen Fragen und suchen nach Gelegenheiten, die Zeichen anzuwenden. All diese Gespräche übertragen sich für das Kind in unendlich viele Beispiele, wie sich etwas mit Worten ausdrücken läßt. Oftmals beschreiben wir Babyzeichen-Kinder als «in Worten schwimmend». Selbst wenn ein Baby zuerst die Zeichen wählt, so hört es doch die Wörter und beginnt, die Erinnerung an ihren Klang abzuspeichern. Eine kleine Weile später, wenn sein Mund es mit seinem Verstand aufnehmen kann, stehen ihm diese Erinnerungen dann zur Verfügung, um ihm das Aussprechen der Wörter zu erleichtern. Sie sollten also mit den Zeichen anfangen, sobald Sie merken, daß Ihr Baby dazu bereit ist.

Jedes Baby ist einzigartig, denken Sie daran. Manchmal ist es unmöglich festzustellen, aus welchem Grund Babys in so unterschiedlichem Tempo auf die Zeichen ansprechen. Wir können nur sagen, daß es so ist. Nehmen wir zum Beispiel die Erfahrungen mit Samantha und Robin. Beide Mädchen waren ein Jahr alt, als ihre Eltern die Babyzeichen einführten. Die extrem unternehmungslustige Samantha zeigte bereits Interesse, sich über Dinge in ihrer Umgebung mit bekannten Personen auszutauschen, ein gutes Zeichen für ihre Bereitschaft. Und wirklich begriff sie es innerhalb von zwei Wochen. Als sie mit ihrer Mutter draußen im Garten war, überraschte sie diese mit einem Schnuppern für *Blume*. Von da an gab es kein Halten mehr. Während der nächsten zwei Monate kamen mehr als zwanzig weitere Zeichen und sogar einige Wörter hinzu. Bei einem so beeindruckenden «Vokabular» war Samantha bei weitem eines der kommunikativsten 14 Monate alten Kinder, das wir je trafen!

Bei Robin lief es ganz anders, aber nicht weniger erfolgreich. Mit einem Jahr war Robin ein friedliches kleines Mädchen, das vergnügt mit seinen Spielsachen spielte, dabei aber auch bereit war, fast jeden mit einem breiten Lächeln und erhobenen Armen zu begrüßen. Zu diesem Zeitpunkt begann Robins Mutter mit den Babyzeichen, wobei sie sich beim Auftun von Gelegenheiten, sie zu benutzen, als ungewöhnlich begeisterungsfähig und findig erwies. Aber anders als bei Samantha dauerte es bei Robin zwei Monate statt zwei Wochen, bis sie ihr erstes Zeichen zustande brachte. Der Durchbruch kam anläßlich des Abendessens am Thanksgiving Day, und ausschlaggebend war die zentrale Tischdekoration. Als sich die Familienmitglieder am Tisch niederließen und Robin in ihr Kinderstühlchen gesetzt wurde, erblickte sie das farbenfrohe Blumenarrangement. Ohne zu zögern, schaute sie ihre Mutter an, krauste die Nase und «schnupperte» vor sich hin. Robins Mutter beschrieb uns ihren Gesichtsausdruck, der deutlich zeigte, daß ihr nun ein Licht aufgegangen war. Jetzt ging Robin daran, ihr Repertoire in nur drei Wochen um 15 andere Zeichen zu erweitern. Und damit nicht genug. Sie brachte es schließlich auf 35 zusätzliche Zeichen, bevor mit 18 Monaten die Wörter mit einem Schwall hervorbrachen. Robins Mutter wurde für ihre Geduld ganz entschieden belohnt.

Warum es bei den beiden Babys zu so unterschiedlichen Zeiten funkte, werden wir wohl nie erfahren. Kinder sind einmalig, und für die Geschwindigkeit, mit der sie sich Babyzeichen aneignen, spielen viele Faktoren eine Rolle. Wir können nur dazu raten, nach den oben beschriebenen Verhaltensweisen, die ihre Bereitschaft signalisieren, Ausschau zu halten, die «Anfängerzeichen» einzuführen und diese durchgängig und geduldig zu benutzen. Verfahren Sie in dieser Weise, werden Sie Ihr Baby mit interessantem Stoff zum Nachdenken versorgen. Wie lange es braucht, um selbst Zeichen zu produzieren, hat dabei nichts zu sagen. Sei es nun, daß Ihr Baby mehr Samantha ähnelt oder mehr Robin, wir sind überzeugt, daß Sie an den Babyzeichen von Anfang an Spaß haben und sie lohnend finden werden.

Kapitel 4

Wie lernt man mehr?

Hat Ihr Kind die Babyzeichen einmal begriffen und beobachtet, versteht oder verwendet es zumindest ein paar «Anfängerzeichen», sollten Sie es mit vier oder fünf Zeichen eigener Wahl vertraut machen. Lassen sich deutliche Fortschritte erkennen, nehmen Sie noch ein paar mehr hinzu. Hat Ihr Baby dann den Punkt erreicht, an dem es tatsächlich etwa ein halbes Dutzend beherrscht, können Sie so viele hinzunehmen, wie Sie wollen. Denken Sie daran, Babyzeichen sind dazu da, Ihre Beziehung zu Ihrem Kind durch eine Intensivierung der Kommunikation und eine Erleichterung des Alltags zu bereichern. Hier handelt es sich um keinen Wettbewerb, bei dem man gewinnt oder verliert. Wie bei allem, was man neu lernt, gilt auch in diesem Fall: Übereilen Sie nichts, fangen Sie langsam an, entwickeln Sie ein Gespür für das Tempo Ihres Babys, und ehe Sie sich's versehen, haben Sie es geschafft.

Die Auswahl neuer Zeichen

Welche Zeichen sollten Sie dem wachsenden «Vokabular» Ihres Babys hinzufügen? Finden Sie heraus, wofür es sich am meisten zu interessieren scheint – worüber es sich selber am liebsten «unterhalten» möchte. Mag es toben, spielt es gerne Ball oder schaukelt es gern im Park, dann werden ihm Zeichen dafür sicher gefallen. Was ißt es am liebsten? Welches ist sein Lieblingsspielzeug? Welches Tier scheint es

Der Dino Barney ist eine der beliebtesten Figuren des amerikanischen Kinderfernsehens. Leanne war auch völlig vernarrt in Barney. Diese Faszination nutzte ihre Mutter aus und brachte ihr dieses Umarmungszeichen bei. Leanne benutzte es sowohl für ihren Plüsch-Barney als auch für die Videokassetten, als auch für die regelmäßige Sendung neuer Folgen.

besonders zu fesseln, wenn Sie den Zoo besuchen oder Bücher anschauen? Gibt es im Umkreis Ihres Hauses etwas Interessantes oder
Bedeutsames, worüber man reden könnte?

Ein 14 Monate alter Junge lebte mit seiner Familie auf einem Bauern-
hof. Täglich sah Cody seinen Vater mit dem Trecker fahren, was ihn
eindeutig faszinierte. Da der Trecker in Codys Leben eine so zentrale
Rolle spielte, begannen seine Eltern die Lenkbewegung als Zeichen für
Trecker einzuführen. Jeden Tag, wenn Cody seinen Vater vom Feld
zurückkehren sah, machte er stolz sein Babyzeichen. «Richtig, da
kommt der Trecker!» pflegte seine Mutter vergnügt zu antworten.

Eine andere Familie lehrte ihre 14 Monate alte Tochter Anya ein
Zeichen für *Computer* – alle Finger spreizen und mit ihnen wackeln.
Beide Elternteile waren Lehrer, und der graue Kasten mit dem grünen
Bildschirm und den geräuschvollen Tasten war Anya nicht fremd. Mit
Wonne sah sie die Buchstaben erscheinen oder wieder verschwinden
und wünschte, auf den Stuhl gehoben zu werden, um selbst zu tippen.
Das Zeichen schnappte sie sofort auf, und bald war sie in der Lage, um
die Erlaubnis zum Tippen zu bitten, eine große Verbesserung gegen-
über dem vorherigen lästigen Gejammer. Der Computer war für sie
wichtig, weil er für ihre Eltern wichtig war, und daß sie jetzt über ihn
«sprechen» konnte, war nicht nur hilfreich, sondern machte auch noch
Spaß.

*Finden Sie heraus, welche Zeichen für Sie und Ihr Kind hilfreich
sein könnten.* Anyas Fähigkeit, nach der Erlaubnis zum Tippen auf
dem Computer zu fragen, war für sie selbst gewiß ein Segen, aber für
die Eltern nicht minder. Egal, wo sie sich im Haus aufhielten, Anya
konnte ihren Wunsch nach dem Computer vorbringen. Ohne Babyzeichen hätten ihre Eltern frustriert mit ansehen müssen, daß sie etwas
sagen wollte, aber nicht wußte, wie. Besonders unangenehm war es,
wenn Anya irgend etwas brauchte oder wollte, diese Mitteilung aber
nicht rüberbringen konnte. «Da, da!» kann so ziemlich alles heißen,

*Eines der beliebtesten Babyzeichen, bei Kindern und Eltern gleichermaßen,
ist das für Flasche oder Trinken. Auf diesem Bild verwendet die einjährige
Jasmine ein dafür typisches Zeichen, um darauf aufmerksam zu machen, daß
ihre Flasche auf den Boden gefallen ist.*

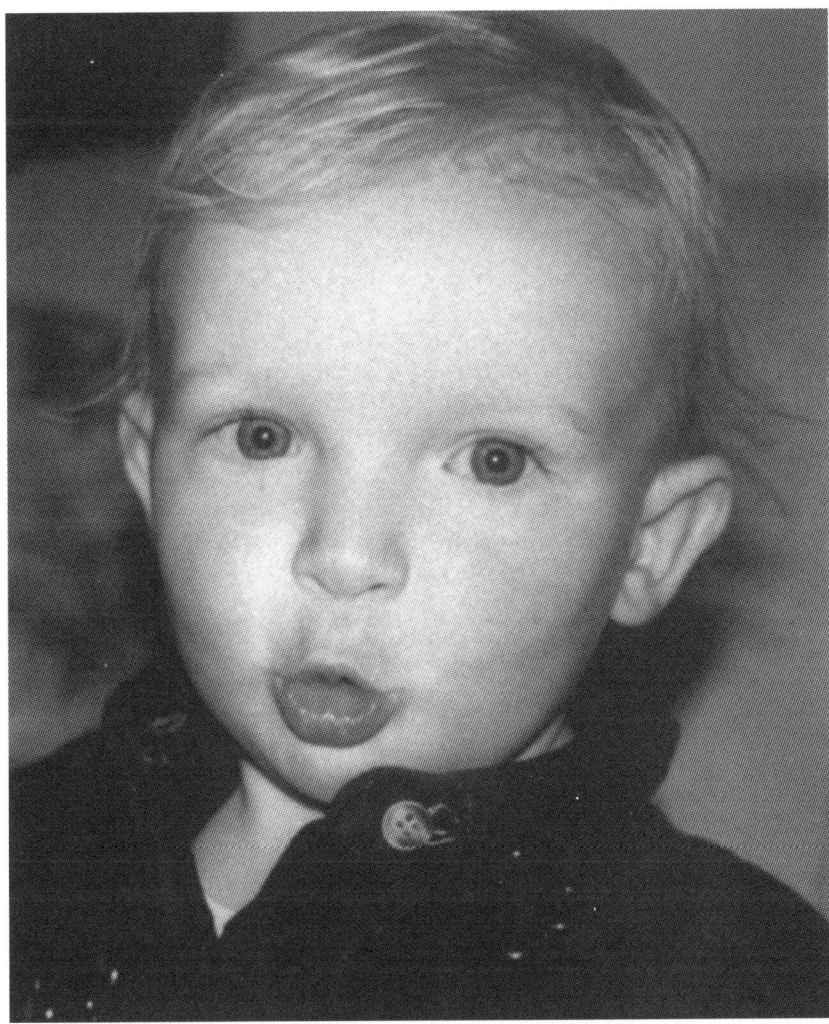

«Mann, ist das heiß!» entfährt es hier dem 14 Monate alten Keegan. Er verwendet die Blasgebärde, um jedermann wissen zu lassen, was er daraus gelernt hat, daß er dem Kamin zu nahe kam.

von «Ich habe Hunger» bis «Dort ist ein schrecklicher Hund!». Einer der entscheidenden Vorteile von Babyzeichen für die Eltern oder denjenigen, der das Kind betreut, ist, daß sich durch sie typische, alltägliche Bedürfnisse ausdrücken lassen. Mit einem Kind, das nach Keksen fragen kann, wenn es hungrig ist, das nach seiner Flasche verlangen kann, wenn es Durst verspürt, und nach «mehr», wenn eins von beidem «alle» ist, wird man bedeutend besser zurechtkommen.

Andere Zeichen wissen Eltern zu schätzen, weil sie ihre Kinder vor Gefahren bewahren. Die Eltern des einjährigen Keegan brachten diesem beispielsweise ein Zeichen für *heiß* bei, weil sie sich sorgten, er käme vielleicht zu nahe an den Kamin oder den Grill. Sie entschieden sich für ein Blasen und verwendeten es regelmäßig zusammen mit dem Wort *heiß*, sobald er sich einer der Gefahrenquellen näherte. Er lernte es schnell und fing selbst an, das Zeichen zu benutzen, um seinen Eltern mitzuteilen, daß er um die Gefahr wisse. Mit dem Zeichen informierte er sie auch, wenn das Badewasser oder das Essen noch zu heiß war, und ersparte so jedermann Zeit und Tränen. Am Schwimmbecken bewährte es sich eines Tages besonders. Als seine Mutter mit dem neben ihr zappelnden Keegan dem Wasser zustrebte, hielt dieser plötzlich inne und begann wie wild zu blasen. Sofort wußte sie Bescheid, zog Keegan von dem heißen Zement fort und nahm ihn auf den Arm. Hätte er nur zu weinen begonnen, als seine Füße heiß wurden, wäre sicherlich kostbare Zeit verlorengegangen.

Andere Zeichen, die helfen können, Gefahren abzuwenden, sind *Vorsicht* für zerbrechliche Dinge oder unberechenbare Haustiere, *autsch* für scharfe Gegenstände wie Nadeln oder Glasscherben und *Bah* oder *schmutzig* für all die für uns wertlosen Schätze, die die lieben Kleinen unweigerlich vom Boden aufzusammeln pflegen. Mit anderen Worten, Babyzeichen sind zu mehr als dem Benennen von Blumen und Vögeln gut. Sie können Ihnen dabei helfen, Ihrem Kind einige lehrreiche Sicherheitsregeln beizubringen.

Seien Sie offen gegenüber der Kreativität Ihres Kindes. Hat Ihr Kind erst einmal mitbekommen, daß Sie auf seine Gebärden achten, kommt es bei der einen oder anderen Gelegenheit vielleicht selber darauf, Zeichen zu erfinden. In Wirklichkeit versuchen *alle* Babys mittels Gebärden zu kommunizieren, auch die, deren Eltern noch nie etwas von Babyzeichen gehört haben, nur sind Eltern derart auf das Sprechen fixiert, daß sie es gar nicht bemerken. Das Ergebnis ist Frustration auf beiden Seiten.

Nachdem die Eltern der ein Jahr alten Jessica mit Babyzeichen Bekanntschaft gemacht hatten, erinnerten sie sich, wie ihre Tochter sie jeden Abend am Eßtisch anzusehen pflegte und sich auf die Brust klopfte. Damals hatten sie keine Ahnung, warum Jessica das tat, und fühlten sich hilflos, wenn diese immer ungnädiger wurde. Erst die Babyzeichen brachten sie darauf, was sie wollte: ein Lätzchen! Sobald sich ihre Eltern auf ihr «Wort» eingestellt hatten, wurde das Abendessen zum Vergnügen. Zuversichtlich und eindeutig verlangte Jessica nach ihrem Lätzchen, und ihre Eltern waren nur allzu froh, ihr den Wunsch zu erfüllen.

Derartige spontane Erfindungen sind bei Babys üblich. Achten Sie genau auf das nonverbale Verhalten Ihres Kindes. Womöglich will es *Ihnen* etwas beibringen.

Wählen Sie einfache Bewegungen. Falls das Wort, das Sie durch ein Babyzeichen ausdrücken wollen, zu denen gehört, die in einem der nächsten Kapitel vorkommen, können Sie die dort vorgeschlagenen Gesten einfach übernehmen. Ansonsten denken Sie sich Gebärden aus, die für Ihr Kind leicht nachzuahmen sind. Mit der Hand hoch- und runterschnellen, um die Ballbewegung anzuzeigen, und die Hand mit der offenen Innenfläche wie bei einer verkürzten Schaukelbewegung hin und her wiegen sind Bewegungen, die die meisten Babys nachmachen

können. Achten Sie auf Körperbewegungen, die Ihr Kind schon beherrscht, und nutzen Sie diese bei der Erfindung neuer Zeichen. Bedenken Sie dabei, daß Sie ein Zeichen auch immer abwandeln können,
wenn sich das, was Sie gewählt haben, als für Ihr Kind zu schwierig
oder unangenehm erweist.

Eine Familie änderte das Zeichen für Katze, damit ihr Sohn
Jeremy es leichter nachahmen konnte. Am Anfang strichen sie sich
mit den Fingerspitzen beider Hände von der Nase bis zu den Ohren
über die Wangen, um die Schnurrbarthaare einer Katze anzudeuten.
Bald stellten sie fest, daß Jeremy Schwierigkeiten hatte, die Bewegungen zu koordinieren, so daß sie das Zeichen in *einen* Finger über
eine Wange umänderten. Er begann sehr schnell, das Zeichen zu imitieren und überall Katzen zu entdecken – in der Nachbarschaft, im
Fernsehen, in Büchern und selbst auf den Katzenfutterdosen im
Supermarkt.

Lernen leicht gemacht

Es könnte sich als nützlich erweisen, neben dem bloßen Vormachen
des Zeichens leicht die Hände Ihres Kindes zu unterstützen, um es die
Bewegung spüren zu lassen. Vielleicht wissen Sie aus eigener Erfahrung, wie hilfreich es ist, wenn Ihnen ein Experte beim richtigen Anfassen des Golf- oder Tennisschlägers hilft, solange Sie noch nicht wissen, wie das geht. Sie bekommen dann schneller ein Gefühl dafür, wie
sich der Schläger in den Händen anfühlen muß, und wenn Sie es das
nächste Mal alleine bewerkstelligen müssen, klappt es schon besser.
Babys geht es genauso. Weil sie nicht so viel Erfahrung haben wie wir,
profitieren sie von spürbar gegebener Hilfe sogar noch mehr als wir.
Denken Sie aber auch daran, daß Babys gelegentlich ganz schön eigenwillig sein können. Manche begrüßen die Hilfe, andere wollen es lieber selber machen. Achten Sie darauf, wie Ihr Kind reagiert, damit Sie

Dieses Zeichen für Biene, Hummel *oder* Käfer *erfordert eine ganz einfache Handbewegung, die für Kinder leicht nachzuahmen ist: Daumen und Zeigefinger gegeneinandertippen. Nachdem ihr dieses Zeichen zur Verfügung stand, wurde die 14 Monate alte Emily eine äußerst findige Insekten-Entdeckerin. Sie benutzte das Zeichen für alle winzigen, sich bewegenden Wesen, von Ameisen bis zu Mücken.*

genau wissen, ob es Ihre Hilfe haben möchte. Um welche Situation
auch immer es sich handelt, die eigenen Vorlieben Ihres Babys haben
oberste Priorität.

Nutzen Sie Bücher aus. Das Anschauen von Bilderbüchern bietet viele
Gelegenheiten, Babyzeichen zu verwenden. Kleine Kinder lieben es,
mit ihren Eltern zusammen Bilderbücher zu betrachten, und erwarten
von ihnen, daß sie ihnen erzählen, was auf jeder Seite passiert. Schnell
werden Sie merken, daß solche Bücher eine reiche Quelle für neue Ba-
byzeichen-Ideen sind. Bücher, in denen das ABC vorgestellt wird, zeigen gewöhnlich Bilder, in denen jeder Buchstabe zusammen mit einem gebräuchlichen Gegenstand vorkommt, von denen man vielen
auch einen «Zeichennamen» geben kann: A für Affe (sich unter den
Achseln kratzen), B für Bär (Hände wie Klauen hochheben und die
Kratzbewegung machen), C für Chamäleon (Zunge rein- und rausstrecken) und so weiter. Sie brauchen aber nicht gleich für jeden Buchstaben ein Zeichen zu erfinden. Seien Sie nur offen für die Möglichkeiten, die Bücher bieten, um neue Zeichen einzuführen, die Sie bisher
noch nicht ausprobiert haben.

Manche Bücher wollen die Kinder immer wieder anschauen, und
das macht es Ihnen leicht, die gewählten Zeichen stets aufs neue zu
üben. Achten Sie darauf, welche Dinge Ihr Kind besonders ansprechen, wenn Sie irgendeins der Bilderbücher aus Ihrem Besitz durch-
blättern. Probieren Sie einige Zeichen aus, und genießen Sie die
Chance, sich mittels Babyzeichen einen Weg zur beiderseitigen Verständigung zu bahnen. Je öfter Ihr Kind erlebt, wie Sie die Babyzeichen zusammen mit dem Buch benutzen, desto schneller wird es lernen, daß es selber *auch* über den Hund, die Katze oder den Vogel auf
der Seite «sprechen» kann.

*Mit Liedern und kleinen Spielchen macht das Zeichenlernen am mei-
sten Spaß.* Sie können Reime oder kleine Spielchen erfinden, um ihr

Die 15 Monate alte Emma und ihre Mutter erfreuen sich zusammen an einem Bilderbuch. Wie es typisch für Kinder ist, die Babyzeichen benutzen, kann Emma ihrer Mutter von dem Schmetterling erzählen, den sie auf der einen Seite sieht.

Baby mit neuen Zeichen bekannt zu machen. Wir benutzen beispielsweise folgendes:

> *Krokodil, Krokodil, zwickt dich in die Nase.*
> *Krokodil, Krokodil,*
> *das zwickt dich in den Zeh.*
> *Krokodil, Krokodil, schwimmt herum.*
> *Krokodil, Krokodil,*
> *legt sich hin.*

Machen Sie zuerst ein *Krokodil*-Zeichen (öffnen und schließen Sie
Ihre beiden zusammengelegten Handflächen, die das Krokodilmaul
darstellen sollen), dann zwicken Sie Ihr Baby an der Nase, danach an
seinen Zehen, machen Sie mit Ihren Händen von einer Seite zur anderen die Schwimmgeste (beide Handflächen zusammenpressen), und
falten Sie schließlich als Schlafgebärde Ihre Hände unter dem Kinn.

Reime und derartige kleine Spielchen sind lustig und leicht zu wiederholen. Spaß machen sie allemal. Als Anregung haben wir in Kapitel 10 einige Reime für Sie zusammengestellt, die sich gut für Babyzeichen eignen.

Erklären Sie Babyzeichen zur Familiensache! Babyzeichen bereichern
das Familienleben, ermuntern Sie deshalb die anderen, sich zu beteili-
gen. Ältere Brüder und Schwestern helfen gerne dabei, dem Baby neue
Zeichen beizubringen, und mit Babyzeichen macht es auch mehr
Spaß, der kleinen Schwester ein Buch vorzulesen. In einer Familie
ließen die Eltern ihre sechsjährige Tochter ganz viele Bilder von den
Dingen malen, für die der kleine Bruder gerade Zeichen lernte – Blumen, Affen, Fische, Schildkröten und Vögel. Ihre Werke wurden dann
auf den Kühlschrank, die Türen und die Fenster geklebt und sogar an
ihrem Pullover befestigt. Voller Vergnügen deutete sie darauf und
machte ihrem Bruder die Zeichen vor. Sie können sich ihren Stolz vor-

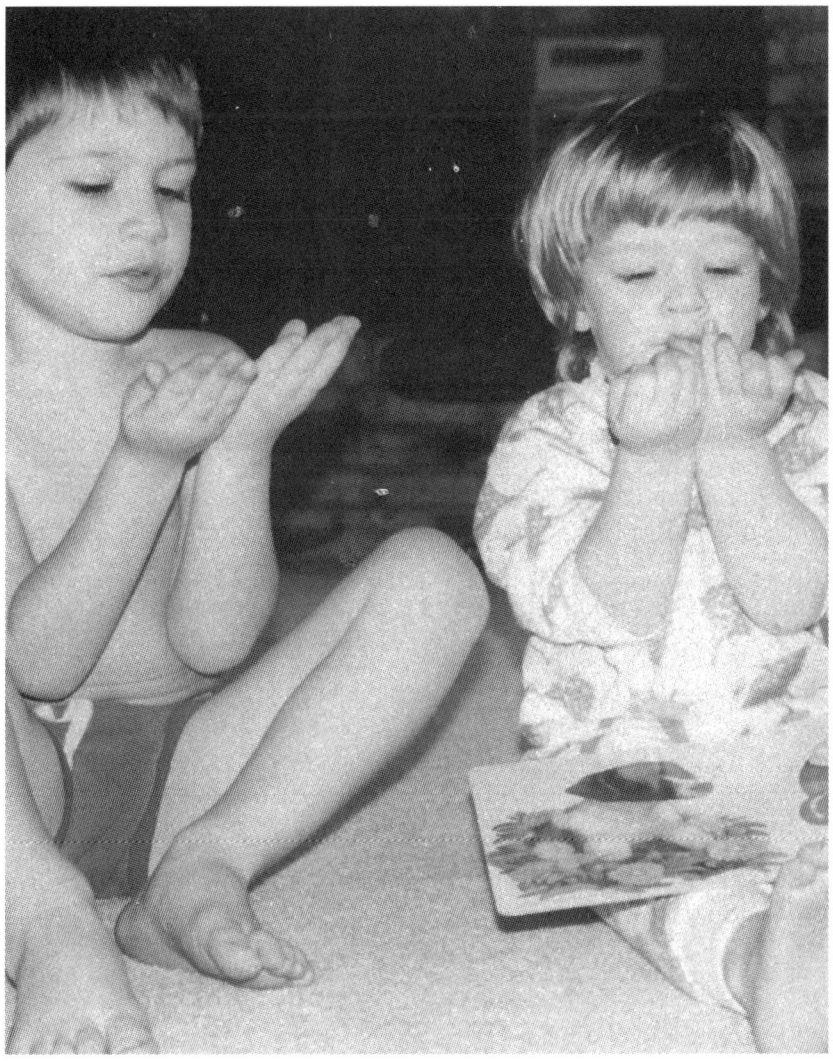

Zu den besten Babyzeichen-Lehrern zählen ältere Geschwister. Hier macht der vierjährige Brandon seiner Schwester Leanne das Babyzeichen für Buch vor. Es sieht aus, als ob sich seine Bemühungen gelohnt hätten!

stellen, als er selber anfing, die Zeichen zu benutzen. In Anbetracht der Schwierigkeiten, vor denen viele Eltern stehen, wenn es darum geht, den älteren Geschwistern zu helfen, ein neues Baby in der Familie zu akzeptieren, wirkt sich die Möglichkeit, bei den Babyzeichen mitzumachen, bestimmt positiv aus.

Auch Großeltern haben Freude daran, mit eingespannt zu werden, und lieben es, ihr aufgewecktes Enkelkind vorzuführen, das «sprechen» kann, bevor es sprechen gelernt hat. Haben sie erst einmal mitbekommen, daß Babyzeichen das Sprechenlernen *erleichtern*, statt es zu erschweren, sind sie begeistert. Auch weiß jedermann, daß Großeltern eine besondere Freude daran haben, Spiele zu spielen und Lieder zu singen, beides herrliche Quellen für Zeichen. «Hoppe, hoppe Reiter» auf Opas Schoß zu machen oder mit Oma das Wie-groß-bist-du-Spiel zu spielen zählt zu den schönsten Erinnerungen, die ein Kind haben kann; und in der Lage zu sein, sich diese Spiele nun mittels Babyzeichen wünschen zu können, ist noch einmal so schön.

Wird Ihr Kind in einer Kindertagesstätte betreut oder hat es regelmäßig einen Babysitter, scheuen Sie sich nicht, dort über die Babyzeichen zu berichten, und fordern Sie die entsprechenden Personen auf, beim Babyzeichen-Unterricht mitzumachen. Die meisten Betreuer sind sofort fasziniert von den Babyzeichen. Warum, ist klar: Ein Kindergartenkind kann seine Wünsche in Worte fassen, ein Säugling oder Kleinkind aber kann nur hoffen, daß irgend jemand seine nonverbalen Signale schon interpretieren wird. Babyzeichen erhöhen die Chance, verstanden zu werden, was dem Kind wiederum den Übergang von zu Hause in die Tagesstätte erleichtert. Denn alle Menschen fühlen sich in einer Umgebung, in der die anderen sie verstehen, sicherer. Warum sollte das bei Babys anders sein? Außerdem vertieft es die Zusammenarbeit und den Respekt zwischen Eltern und Betreuern, wenn sie sich über die zeichensprachlichen Fortschritte, die ein Baby mit den Zeichen macht, austauschen können. Kurz, jeder profitiert von ihnen.

Kapitel 5

Es läuft

Plötzlich schien ihr ein Licht aufgegangen zu sein, und sie schnappte ein Zeichen nach dem anderen auf. Sie brauchte nur meine Hände, mein Gesicht – oder was auch immer – zu beobachten. Und dann stellten wir fest, daß sie sie sogar zu kleinen Sätzen verband! Verschwand ein Flugzeug oder irgend so etwas, dann erzählte sie mir davon: «Flugzeug (Arme ausgebreitet) allealle (Handfläche nach unten, vor und zurück).» Es war toll!

Die Mutter der 15 Monate alten Laney

Genau wie wir können sich Babys über ein neu entdecktes Vergnügen unheimlich freuen, sei es nun ein Spielzeug, ein Geschmack oder ein Talent. Das Laufenlernen ist ein gutes Beispiel. Irgendwann zwischen dem neunten und 15. Monat entwickeln sie die körperliche Fähigkeit, auf ihren zwei Beinen das Gleichgewicht zu halten und sich leicht schwankend durch den Raum zu bewegen. Was für ein Abenteuer – wörtlich genommen wie auch im übertragenen Sinne. Ohne Zweifel kosten sie dieses neu entdeckte Können voll aus und sehen in allem ein mögliches Ziel, von der zerbrechlichen Kristallvase am anderen Ende des Raumes bis zu dem seltsamen Hund am Ende des Parks.

So kommt es, daß sich unsere bis dahin erdverbundenen Söhne und Töchter plötzlich auf und davon machen, und nun sind es zum ersten

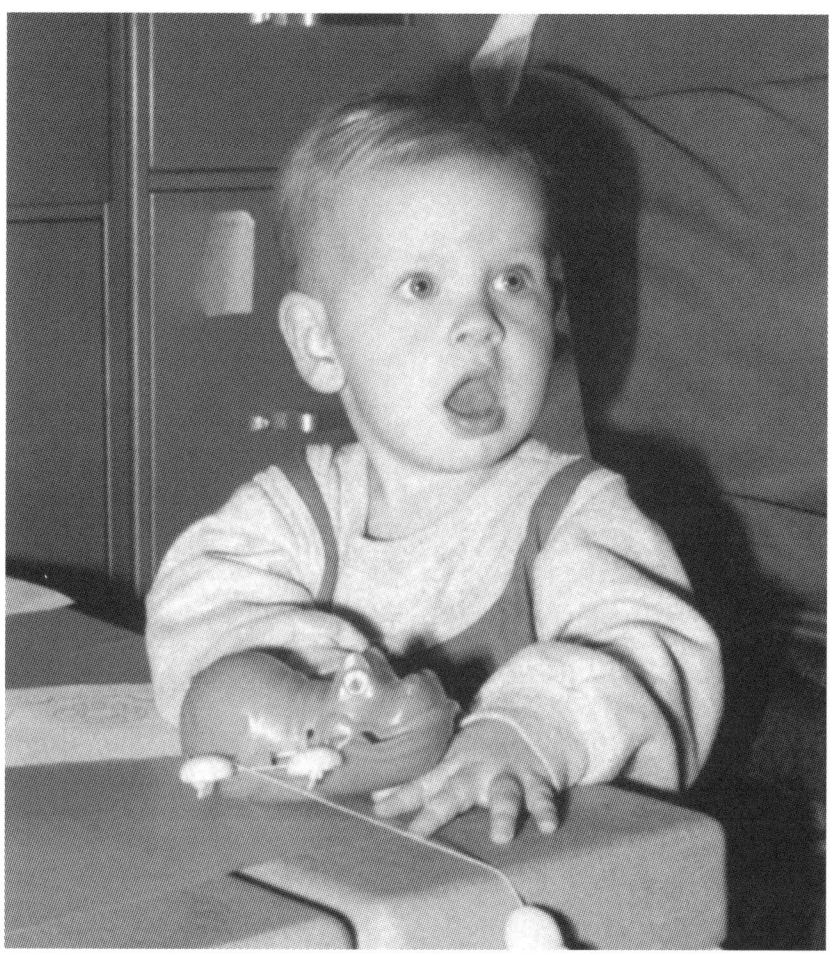

Ist das dort auf dem Tisch ein rotes Plastiknilpferd? Der 14 Monate alte Kai benutzt ein Babyzeichen (den Mund weit öffnen), um uns wissen zu lassen: Das ist ein Nilpferd. Sein erstes Zeichen produzierte Kai mit zwölf Monaten; drei Wochen später zählten zwölf zu seinem Repertoire. Als bei ihm dann mit 19 Monaten die Wörter hervorsprudelten (60 Wörter in einem Monat!), hatte er mehr als 40 Babyzeichen gelernt.

Mal wir Eltern, die, statt unsere Kinder durch die Welt zu führen, ihnen folgen, wohin *sie* uns führen.

Etwas ganz Ähnliches und nicht minder Bezauberndes geschieht, sobald die Kinder die Babyzeichen begriffen haben. Es ist genauso, wie Laneys Mutter es in dem obigen Zitat formuliert, es ist, als ob ihnen ein Licht aufgeht. Plötzlich scheinen die Kleinen zu begreifen, wie dieses Namenspiel funktioniert, und es macht ihnen großen Spaß, Dinge aufzuspüren, über die man sich unterhalten kann. «Aha! So geht das also! Ich brauche nur meinen Mund groß aufzumachen, und Mama weiß, daß ich ein Nilpferd gesehen habe!» Auf einmal sind aus ihnen richtige Gesprächspartner geworden, die Verständigung erfolgt *zweigleisig*, und sie sind ganz erpicht darauf, das Heft in die Hand zu nehmen. Jetzt sind es nicht mehr nur die Erwachsenen, die «zu Worte kommen». Auch *Baby* kann nun bestimmen, wann die Unterhaltung beginnt.

Mit jedem neuen Zeichen, das ihnen zur Verfügung steht, setzt sich diese Einsicht tiefer fest. Und da dies so ist, fangen die Babys auch an, immer aufmerksamer Ihren Worten zu lauschen und Dinge, die Sie tun, immer genauer zu beobachten. Sie streben danach, auf eigenen «Konversationsbeinen» zu stehen, und machen sich auf, die Welt zu erforschen.

Im Laufe der Jahre haben wir viele Kinder dabei beobachtet, wie sie mit Hilfe der Babyzeichen die Freiheit entdeckten, sich ausdrücken zu können. Wenn sie diese Entdeckung machen, erteilen sie den Erwachsenen, die mit ihnen zusammen sind, unweigerlich eine wichtige Lehre: Die Welt ist in Wahrheit ein wunderbarer Ort, voller Dinge, die man sehen, hören, fühlen und riechen kann, voller Stoffe, Farben und Geschmacksrichtungen. Mit Hilfe der Zeichen kommen die kleinen Knirpse auf Dinge, über die man sich unterhalten kann, von denen die Erwachsenen noch nicht einmal wußten, daß es sie überhaupt gibt – die Spannerraupe, die sich das Blatt hinaufkämpft, oder der Kiesel, der sich in der Pfütze rosa färbt. Sie machen große Augen, wenn sie die

Giraffe im Zoo oder die Ente auf dem Teich sehen. Sie jagen Schmetterlinge und Frösche, und der Wind wird ihr Kamerad. Und über alles
wollen sie uns berichten. So eifrig sie auch dabei sind, alle Ecken und
Winkel um sich herum zu erkunden, noch eifriger streben sie danach,
die aufregenden Neuigkeiten ihrer Abenteuer mit uns zu teilen. Wenn
sie diese Dinge zum ersten Mal entdecken und uns an ihrer Freude
teilhaben lassen, dann machen sie *uns* das Geschenk der *Wiederent-
deckung*. Für viele Eltern ist dies das Spannendste am Elternsein – mit
den Augen ihrer Kinder die Welt noch einmal zu erkunden. Das
Schöne an der Sprache ist, daß sie diesen Prozeß des Teilens erleichtert. Das Schöne an den Babyzeichen ist, daß niemand von Ihnen auf
dieses Mitteilen warten muß, bis das Sprechen einsetzt.

Welcher Art werden nun die Erfahrungen sein, die Sie erwarten,
sobald es bei Ihrem Kind mit den Babyzeichen erst läuft? Dazu kommen wir jetzt. Aus dem Fundus unserer eigenen Beobachtungen der
Babys schöpfend, mit denen wir während der letzten zehn Jahre gearbeitet haben, und ausgehend von den Hunderten von Geschichten, die
wir von anderen gehört haben, hoffen wir, Ihnen einen Eindruck von
der Kreativität und Begeisterung vermitteln zu können, mit der Babys
diese Zeichen benutzen.

Hier, dort und allerorts

Können Sie sich noch an die Zeit erinnern, als Sie beziehungsweise
Ihre Frau schwanger waren und Sie nun überall schwangere Frauen zu
sehen begannen? Oder wie Sie merkten, nachdem Sie sich endlich für
ein bestimmtes Auto entschieden hatten, wie viele dieser Sorte schon
herumfuhren? Wo kamen die alle her? Denken große Geister wirklich
ähnlich? Die Antwort liegt natürlich in der erhöhten Sensibilisierung
für Dinge, die Ihre eigene Situation betreffen. So als ob Sie Ihre Umgebung mit einem speziellen Radar nach dem absuchten, das für Sie

zur Zeit von besonderer Wichtigkeit ist. Genauso ergeht es Ihrem Baby, wenn es ein neues Zeichen oder Wort lernt. Mit der neuen Benennungstechnik, die ihm jetzt zur Verfügung steht, sieht es plötzlich überall Beispiele dafür – selbst an Orten, auf die Sie in Ihrer Unbefangenheit nicht kommen würden.

Nehmen wir nur Kai, zu dessen ersten Babyzeichen ein Zusammenklappen der Hände für *Krokodil* gehörte. Meistens machten seine Eltern es ihm im Zusammenhang mit zwei Bilderbüchern und den Krokodilen im Zoo vor. Kai griff es im Alter von 13 Monaten mit Begeisterung auf und begann nun, überall Krokodile zu sehen. Seine erstaunlichste Entdeckung machte er in einer Einkaufspassage. Kai saß im Sportwagen, und seine Mutter karrte so schnell wie möglich von einem Ende der Passage zum anderen, als er sich plötzlich mit großen Augen triumphierend zu ihr umdrehte und die Hände zusammenklappte. «Was? Hier in der Passage gibt's ein Krokodil?» Kais eifriges Insistieren veranlaßte seine Mutter, sich sorgsam umzuschauen, und zu ihrer Verblüffung entdeckte sie eine ganze Menge Krokodile – winzig kleine Lacoste-Krokodile, kaum zwei Zentimeter lang, vorne in der linken oberen Ecke auf den Herrenhemden, die im Schaufenster des Geschäftes hingen, an dem sie gerade vorbeigekommen waren! «Ja, ich sehe sie! Schau, die vielen Krokodile! Toll, hast du aber gute Augen mit deinen dreizehn Monaten!» Kai war zufrieden und stolz. Auf Anhieb hatte seine Mutter ihn verstanden und wußte seine große Entdeckung zu würdigen. Sie hatte an seiner Welt, wie er sie sah, teilgehabt, bloßes Zeigen oder ein beharrliches «Da, da, da!» hätten das mit Sicherheit nicht zustande gebracht.

Diese Art Geschichten erzählen uns Mütter ständig. Da gab es den 14 Monate alten Eli, dessen Apfelgebärde selbst einen Gang in den Supermarkt zum besonderen Erlebnis werden ließ; was gab es nicht alles mit oder aus Äpfeln: richtige Äpfel, Apfeltorte und mit Äpfeln geschmückte Glückwunschkarten. Nie hatte seine Mutter bemerkt, und so geht es wohl vielen von uns, daß wir derart von Äpfeln umgeben

Der 12 Monate alte Bryce, hier zusammen mit seiner Mutter Karen, fing mit
acht Monaten an, Babyzeichen zu benutzen. Genau wie bei seiner älteren
Schwester Cady war das Schnuppern für Blume eines seiner ersten und beliebtesten Zeichen.

sind, bis sich Eli daranmachte, alle aufzuspüren. Der 15 Monate alten Trina ging es mit ihrer heißgeliebten Vogelgeste ähnlich. Vor dem Fenster oder im Park rechnet jeder mit Vögeln – aber in der Kirche? Wirklich, in den bemalten Glasfenstern über dem Altar fanden sich als Dekoration nicht nur eine, sondern zwei Tauben, die Friedenssymbole der Gemeinde, für Trina schlicht «Piepmatz». Zum Glück kann man sich mit Babyzeichen auf leise Art «unterhalten»!

Gleich diesen Eltern werden auch Sie staunen, wie wachsam Ihr Kind sein kann. Es ist zwar noch ein Baby, aber das heißt nicht, daß hinter den Kulissen nicht eine ganze Menge geistiger Aktivität stattfindet. Und jedesmal, wenn Ihr Kind Ihnen mit einem Babyzeichen etwas erzählt, läßt es Sie einen Blick in all diese Aktivitäten tun und ermöglicht es Ihnen, angemessen und entsprechend enthusiastisch zu reagieren. In diesem Sinne sind Babyzeichen wirklich ein frühes Fenster zu seinem Geist.

Babys eigene Erfindungen

Wie wir in Kapitel 4 erwähnten, sind es nicht nur die Eltern, die Zeichen erfinden. Auch die Babys kreieren Zeichen. Schließlich war es Lindas Tochter und nicht Linda, die beschloß, für *Blume* zu schnuppern und für *Fisch* zu blasen. Hier übernahm Kate den kreativen Part, und Linda machte sie nach.

Ja, wir sind durchaus überzeugt, daß die meisten Babys in ihrem Drang, sich mitzuteilen, versuchen, Gebärden zu gebrauchen. Das Problem ist nur, daß die Eltern es nur selten merken. Linda wurde schließlich darauf aufmerksam, weil sie von Berufs wegen Babys beobachtete. Aber wer kann sagen, wie lange Kate es schon probiert hatte? Vielleicht wollte sie gerade aufgeben, als Linda endlich dahinterkam? Diesen Fehler brauchen *Sie* glücklicherweise nicht zu machen. Im Gegensatz zu vielen anderen Eltern werden Sie nicht derartig auf das Horchen nach «Wörtern» fixiert sein, daß Ihnen die ersten selbstfabrizierten Zeichen Ihres Kindes entgehen.

Ihnen möglichst immer viel Aufmerksamkeit zu schenken ist besonders wichtig, sobald es bei Ihrem Kind mit den Zeichen richtig läuft. Ihr eigenes Vorexerzieren ist eine Art grünes Licht, das Ihre Offenheit für diesen Verständigungskanal signalisiert. Hat Ihr Baby dies erkannt, wird es aller Wahrscheinlichkeit nach selbst ein wenig damit herumexperimentieren. Der Trick ist nur zu wissen, wonach man Ausschau halten muß. Achten Sie auf ungewöhnliche Bewegungen, die Ihr Kind häufig und mit angestrengter Miene zu wiederholen scheint, einfache Handlungen, die zeitgleich mit irgendwelchen Dingen um es herum vorkommen. Oft, aber nicht immer, wird dieses Verhalten mit einem Blick auf Sie einhergehen, wie zur Vergewisserung, ob Sie es verstanden haben. Dadurch sind Jessicas Eltern, wie in Kapitel 4 beschrieben, schließlich aufmerksam geworden. Jessicas Brustklopfen und der auf die Eltern gerichtete Blick war ihr Versuch, *Lätzchen* zu übermitteln, und sobald die Eltern das begriffen hatten, verliefen die Mahlzeiten um vieles angenehmer.

Jessicas Entscheidung, sich auf die Brust zu klopfen, gibt auch Aufschluß über die Art der von den Babys bevorzugten Gebärden. Unsere Forschungen haben gezeigt, daß die kindlichen Ideen für eigene Zeichen mindestens zwei Ursprünge haben. Einmal übernehmen sie, wie Lindas Tochter, oft Gebärden, die ihnen von den sie umgebenden Personen bewußt oder unbewußt vorgemacht werden – so die Geste für *Spinne* und das Blasen für *Fisch*. Babys beobachten die Objekte in ihrer Umgebung auch selbst ungewöhnlich scharf. Sie nehmen wahr, wie die Dinge aussehen und was sie machen, dann bringen sie in Erfahrung, wie beide Merkmale durch eine Geste zu vermitteln sind, auch ohne daß Sie es demonstrieren. So stellte Jessica beispielsweise fest, daß Lätzchen die Brust bedecken. Andere Babys, mit denen wir arbeiteten, haben ganz alleine herausgefunden, daß Hunde hecheln, daß Bälle rollen, daß der Wind Dinge hin und her bewegt, daß Hüte Köpfe

Foto machen – das faszinierte Brandon. Deshalb hat er selber ein Zeichen für Kamera erfunden. Das sieht man auf diesen Bildern sofort. Seine Begeisterung ging so weit, daß er auch dabei half, es seiner kleinen Schwester Leanne beizubringen (unten).

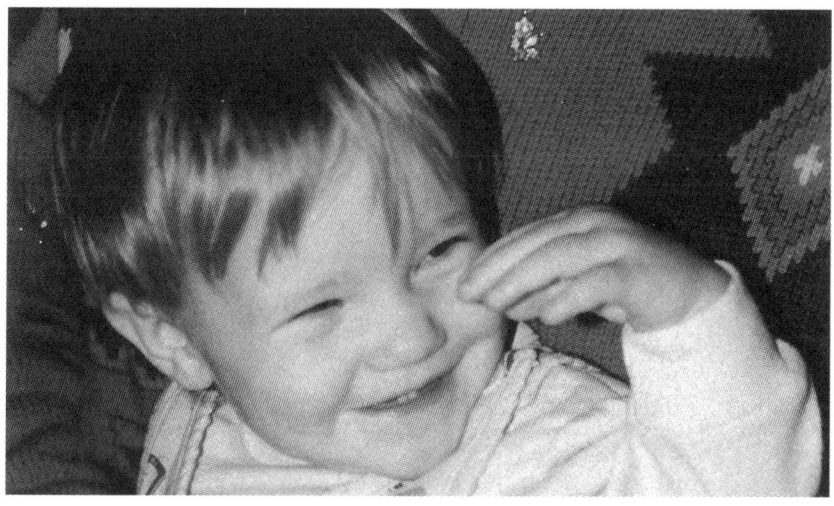

bedecken, daß Weihnachtskerzen blinken und daß Schaukeln vor- und
zurückschwingen. Jedesmal ließ das Baby das charakteristische Merk-
mal unwillkürlich in ein Zeichen einfließen. Zum Glück für diese Babys waren ihre Eltern schlau genug herauszubekommen, was da zum
Zeichen gemacht wurde.

Der 17 Monate alte Brandon lieferte einen besonders reizenden
Beleg für diese Erfindungsgabe. Schon seit seinem neunten Monat
hatten ihm seine Eltern und Großeltern Babyzeichen vorgemacht. Mit
ihrer Hilfe lernte er *Kätzchen, Hund, mehr* und viele andere ihm dien-
liche Zeichen. Niemand hatte allerdings daran gedacht, ihn mit einem
Zeichen für seinen Lieblingsgegenstand, den Fotoapparat, zu versorgen. Warum gerade für *Fotoapparat?* Brandon war nicht nur das erste
Kind seiner Eltern, sondern überhaupt das erste Enkelkind in der Familie. Bei all dem Fotografieren, das er während seines kurzen Lebens
schon mitgemacht hatte, kann es gut sein, daß er Fotoapparate jedwe-
der Art ebenso häufig zu Gesicht bekommen hatte wie seine Milchfla-
sche! Tatsächlich genügte es bis zu seinem 17. Lebensmonat, die Kamera in Position zu bringen, um bei ihm ein Lächeln hervorzulocken
und ihn zu veranlassen, sich über die Kleider zu streichen. Mit anderen Worten, der Fotoapparat spielte in seinem Alltag ganz entschieden
eine besondere Rolle. So brauchte sich eines Tages auch niemand darüber zu wundern, als Brandon mit seiner rechten Hand einen Bogen
formte, sie vors Auge führte und durch das so entstandene «Loch»
blinzelte. Das war ein derart eindeutiges Abbild eines Fotoapparates,
daß kein Zweifel mehr darüber bestand, was er wollte. Willig holte
seine Mutter Lisa den Apparat und machte von dem vor Stolz strah-
lenden Brandon eine Aufnahme.

Wie Brandon und Jessica kann auch Ihr Baby Sie mit ein oder zwei
selbst kreierten Zeichen überraschen. Seien Sie offen, wachsam und
voller Begeisterung. Wenn Sie ein solches Zeichen bemerken, wird
Ihre ermunternde Reaktion das Zutrauen Ihres Kindes in seine Kom-
munikationsgabe automatisch steigern und das ganze Sprachunter-

nehmen ankurbeln. Außerdem können Sie auf diese Weise ein paar Pluspunkte mehr auf Ihrem Konto als einfühlsame und verständnisvolle Eltern verbuchen.

Zeichen als Metaphern

«Sein Gesicht war wie ein offenes Buch.» «Meine Liebe ist wie eine rote Rose.» «Als er über das Eis glitt, machte er den Eindruck eines ballettanzenden Nilpferdes, das beim Drehen aus der Kurve geriet.»

Sprache wird am kreativsten genutzt, wenn man mit ihr Ähnlichkeiten zwischen Dingen aufzeigt, Ähnlichkeiten, die uns besonders aufschlußreich, schön oder lustig vorkommen. Solche Vergleiche nennt man Metaphern oder Gleichnisse. Für diese Art Kreativität ist der Dichter in uns gefragt. Genau wie wir werden auch Sie erstaunt sein zu erfahren, wie früh die Fähigkeit dazu einsetzt. Macht sich Ihr Kind nun fröhlich auf den Weg, Informationen zu sammeln, wird es unweigerlich auf verblüffende Parallelen stoßen. Und was passiert, wenn Babys auf etwas Interessantes stoßen? Wie bei dem Maikäfer auf dem Blatt oder dem Flugzeug am Himmel brennen sie darauf, ihre Entdeckung mitzuteilen. Mit Hilfe der Sprache ist ihnen das möglich, und mit Babyzeichen können sie es sogar noch früher. Sie borgen sich von einem Gegenstand, dem das betreffende Objekt ähnelt, einfach das Zeichen, lächeln gespannt und warten darauf, daß man sie zu der bemerkenswerten Einsicht beglückwünscht. Auf diese Weise wird die früheste Form einer Metapher geboren.

Eines unserer Lieblingsbeispiele für eine Babyzeichen-Metapher hat uns Sandy erzählt, die Mutter des 18 Monate alten Levi. Levi lebte in den warmen Gefilden Kaliforniens, wo Ventilatoren an der Decke weit verbreitet sind. Um diese zu benennen, hatte sich Levi, die Rota-

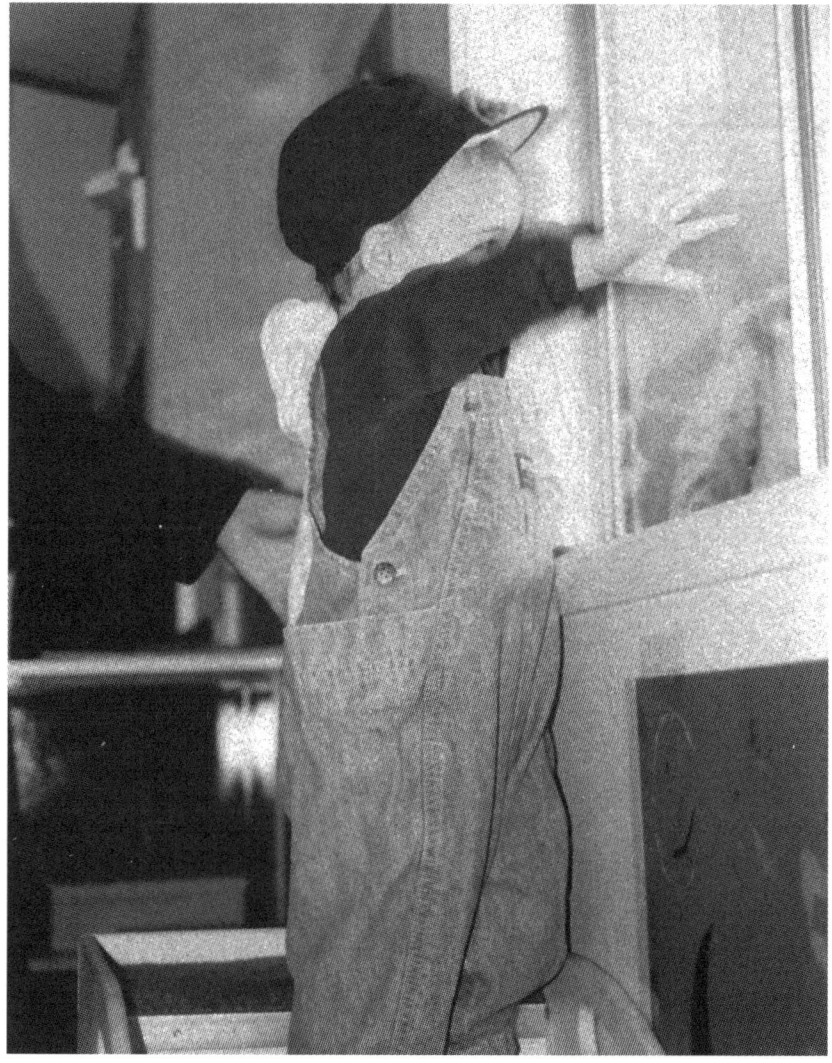

Der 17 Monate alte Turner wackelt mit den Fingerspitzen und führt dabei die Händchen nach unten. «Es regnet», berichtet er von dem, was er draußen vor dem Fenster sieht.

tionsblätter des Ventilators nachahmend, angewöhnt, einen Arm hochzuheben und ihn kreisen zu lassen. Eines Tages lieferte ihm das Ventilatorzeichen genau die richtige Metapher, die er brauchte, um seine Mitmenschen an seiner Begeisterung für ein anderes Objekt teilhaben zu lassen, das sich hoch über ihm abzeichnete – einen Hubschrauber. Mit seinen sich geräuschvoll drehenden Rotoren ähnelte er tatsächlich einem Ventilator, dieses Mal erstaunlicherweise ohne die dazugehörige Zimmerdecke. Levis Freude über seine eigene Klugheit war nicht zu übersehen, als er die Geste ausführte und seiner Mutter ins Gesicht lachte. «Gut überlegt, Levi! Das sieht wirklich wie ein Ventilator aus, nicht wahr! Wie ein Flugzeug mit einem Ventilator drauf. Es heißt Hubschrauber.» Levis Metapher machte es seiner Mutter möglich, zwei wichtige Dinge zu tun: Levi zu seiner Erkenntnis zu gratulieren sowie ihm eine neue wichtige Information zukommen zu lassen, auf die er offensichtlich scharf war. Wieder einmal hatte ein Babyzeichen seine Zauberkraft bewiesen.

Für eine andere Babyzeichen-Metapher bot ein Abendspaziergang durch den Park den Anlaß. Laut Aussage des Vaters der 16 Monate alten Lucy war die Familie gerade von einem Campingausflug zurückgekehrt, auf dem sich Lucy von den Sternen und vom Mond äußerst beeindruckt gezeigt hatte. Da sie die meiste Zeit ihres noch kurzen Lebens in einer Stadtwohnung verbracht hatte, war sie der Majestät eines Nachthimmels noch nie zuvor begegnet. Sanft in der Hängematte schaukelnd, Lucy in seine Arme gekuschelt, hatte ihr Vater ganz gemütlich zwei einfache Gesten vorgemacht, eine für *Sterne* und eine für *Mond*. Das hatte sich ganz selbstverständlich ergeben, damit dieser schöne Augenblick nicht so schnell vorüberging. Als alter Hase auf dem Gebiet der Babyzeichen hatte Lucy sie sofort begriffen, fast unmittelbar darauf wackelte sie für *Sterne* mit den Fingern und krümmte für *Mond* ihre Hand.

Erst am Abend darauf, als sie wieder zu Hause waren, geschah die Sache mit Lucys Metapher. Als sie ihre Runde durch den kleinen Park in der Nähe ihrer Wohnung drehten, hob Lucy ihre gekrümmte Hand hoch und drehte sich mit erwartungsvollen Augen zu ihrem Vater um. «Der Mond, Lucy? Ich sehe keinen Mond.» Als Lucy die Geste etwa hundert Meter weiter wiederholte, schaute sich ihr Vater genauer um. Jetzt wurde ihm klar, auf was Lucy stolz hinweisen wollte: diese altmodischen schmiedeeisernen Straßenlaternen, die sie schon so oft zusammen gesehen, aber kaum wahrgenommen hatten. Mit ihren runden Glühbirnen und dem hellen Schein ähnelten sie tatsächlich dem Mond. Die Art, wie Lucys Vater diese Episode beschreibt, gibt uns einen Begriff von den indirekten Vorteilen der Babyzeichen: «Es klingt vielleicht verrückt, aber als Lucy das machte, hat sie mir wirklich etwas Wichtiges beigebracht. Es brauchen nur neue Augen eine alte Sache zu betrachten, und schon wundert man sich über das, was man sieht.»

Andere Babys zeigten eine ähnliche Erfindungsgabe: Die 11 Monate alte Cady nannte den Brokkoli auf ihrem Teller eine *Blume*; die 18 Monate alte Elizabeth nannte den Staubsauger *Elefant*; der 16 Monate alte Austin benutzte das Zeichen für *Affe*, um einen jungen Mann mit besonders starker Behaarung zu beschreiben; und der 17 Monate alte Carlos beschrieb seinen Ausflug durch die Autowaschanlage mit «Wind» und «Regen». Auch die Forschung anderer Institute als des unsrigen zeigt, daß schon die bloße Verfügbarkeit einer Benennung, sei es nun ein Zeichen oder ein Wort, das Baby anspornt, seine Umgebung noch aufmerksamer zu beobachten. Gerade die Babyzeichen-Metaphern bestätigen uns, wie wahr das ist.

Sätze aus Zeichen

«Trinken allealle.»
«Wo Muschi?»
«Großer Wauwau!»
«Mehr Kekse!»
Kristen im Alter von 14 Monaten und 10 Tagen

Zweifellos übermittelt das von einem Baby geäußerte Wort *mehr!* eine wichtige Information. Niemand wird aber bestreiten, daß die Kombination *mehr Kekse!* noch besser ist. Babys scheinen dies per Intuition zu wissen, und aus diesem Grund unterzieht sich schließlich jedes Menschenkind der harten Arbeit zu lernen, wie man zwei Symbole aneinanderkoppelt – womit der erste Satz geboren ist.

Fragen Sie irgendeinen Linguisten, und er wird Ihnen sagen, daß das Auftauchen dieser winzigen Sätze, genau wie das erste gesprochene Wort, ein Meilenstein im Leben eines Kleinkindes ist. Obwohl sie für uns ziemlich simpel klingen, sind diese Zusammensetzungen aus zwei Symbolen, was die kognitive Leistung und die Erinnerungsgabe des Babys betrifft, als Quantensprung zu werten. Auch versetzen sie das Baby in den Stand eines noch effektiveren Gesprächspartners, denn sie reduzieren *jedermanns* Frustration und steigern die Freude am sozialen Miteinander enorm. Es ist klar, je früher ein Baby diesen Sprung macht, desto besser.

Wann ist mit diesem bemerkenswerten Übergang zu rechnen? Allgemein gilt als Antwort, daß er um den zwanzigsten Monat herum erfolgt, wobei manche Babys damit bis weit in ihr drittes Jahr hinein warten. Heißt das dann aber nicht, daß die Äußerungen der kleinen Kristen eine ziemlich beeindruckende Leistung darstellen? Mit ihren nur 14 Monaten ist sie beim Übermitteln komplexer Botschaften schon weit vorangeschritten. Wie hat sie das gemacht? Ist sie außergewöhnlich begabt? Ist sie ein Sprachgenie? Die überraschende Antwort lautet:

«Vermutlich nicht.» Von Babyzeichen-Kindern kann man Leistungen, wie sie Kristen erbringt, durchaus erwarten. Bei dem Arsenal von Zeichen, das ihnen zur Verfügung steht, brauchen sie mit dem Bilden von Sätzen ganz einfach nicht so lange zu warten, bis sie in der Lage sind, genügend Wörter zu sagen. Das Bedürfnis nach Kommunikation ist da, die Zeichen stehen zur Verfügung, und die Babys machen nur «das, was ganz instinktiv kommt»; sie kombinieren einzelne Zeichen oder Zeichen und Wörter miteinander. Und schon sind sie da, die Sätze!

Deshalb bildete die kleine Kristen, die darauf aus war, mehr Milch zu erhalten, die wissen wollte, wo die Muschi steckt, die die Aufmerksamkeit ihrer Mutter auf den furchterregenden Hund lenken sowie mehr Kekse haben wollte, aus zwei Zeichen bestehende Sätze, um ihre Gedanken mitzuteilen. Bei anderen Gelegenheiten bediente sie sich einiger gesprochener Wörter, die sie schon konnte, und kombinierte sie mit ein oder zwei Babyzeichen. Mit 14 Monaten verfügte sie bereits über die notwendigen intellektuellen Fähigkeiten, Sätze zu bilden. Überlegen Sie einmal! Das sind ganze sechs Monate früher, als typischerweise zu erwarten ist.

Und Kristen steht nicht alleine da. Ein Baby nach dem anderen hat seine Eltern bei unseren Studien mit kurzen Babyzeichen-Sätzen beglückt. Babys sind wirklich viel schlauer, als manch einer ihnen zutraut! Und was noch wichtiger ist, die Übung, die diese Babys bei der Verbindung von mehreren Zeichen beziehungsweise der von Zeichen und Wörtern bekommen, macht den Übergang zu reinen Wortverbindungen um vieles leichter. Halten Sie sich die folgenden typischen Zeichenkombinationen vor Augen:

- **Mehr + Trinken:** Von dieser Kombination haben uns viele Eltern berichtet. Der vielleicht ungewöhnlichste Fall war die 20 Monate alte Portia, die ihrer Mutter von dem Elefanten im Zoo berichtete, der zum zweiten Mal aus seinem Trog trank.

Der Zoo ist ein guter Ort, um Babyzeichen für Tiere zu üben. Hier benutzt der 13 Monate alte Tristan sein Zeichen für Affe, um allen von der Gorillastatue zu berichten, die er gerade gesehen hat. Einige Monate später kombinierte er Zeichen wie diese mit etlichen anderen, wozu auch mehr und wo? gehörten.

- **Allealle + Wasser:** Die 20 Monate alte Jennifer liebte es, in der Badewanne sitzen zu bleiben und zu beobachten, wie der Wasserspie-
  gel sank. War das Wasser schließlich abgeflossen, pflegte sie diese
  Verbindung zu benutzen, um ihrer Mutter zu berichten, was geschehen war.
- **Wo? + Affe:** Nachdem sich die 15 Monate alte Leanne erst einmal
  an die Größe der Gorillas im Zoo gewöhnt hatte, wurden sie ihre
  «Lieblingsaffen». Oft benutzte sie diese Zusammensetzung, wenn
  sich einer von ihnen in die Höhle im hinteren Teil des Geheges
  zurückgezogen hatte.
- **Hund + Ball:** «Der Hund hat den Ball» lautete die Mitteilung,
  die der 17 Monate alte Max seinem Vater durch Zeichen zu verstehen gab, als der Hund der Familie mit dem Tennisball weggelaufen
  war.
- **Mehr + Essen + Trinken:** Mit dieser beeindruckenden Kombination aus drei Zeichen brachte die 20 Monate alte Sabrina ihre Mutter eines Abends zur Essenszeit aus der Fassung. Ganz offensichtlich war Sabrina noch hungrig *und* durstig.
- **Wo? + Ball + Allealle:** Diese weitere Kombination aus drei Zeichen
  wurde von dem 19 Monate alten Carlos verwendet, um seine Mutter zu fragen, ob sie wisse, wo der Ball geblieben sei.

Häufig verknüpfen die Kinder Babyzeichen auch mit gesprochenen
Wörtern. Vom linguistischen Standpunkt aus sind diese Verbindungen
interessant, weil sie zeigen, daß ein Baby beide Symbolarten als gleich-
wertig betrachtet. Babyzeichen-Kindern ist es egal, welcher Art das
Symbol ist, das sie benutzen, Hauptsache, die Nachricht läßt sich erfolgreich übermitteln. Im folgenden stellen wir noch ein paar der vielen Zeichen-Wort-Kombinationen vor, von denen uns Eltern berichtet
haben:

- **Mehr + «Schaukel»:** Keesha benutzte diese Verbindung mit 14 Monaten, damit man sie zum Weiterschaukeln zurück auf die Schaukel setzte.

- **Allealle + Schmetterling:** Für ein Baby verschwinden eine ganze Menge Dinge auf der Welt, deshalb sagen sie oft «Allealle» und benutzen für diese Aussage das dazugehörige Zeichen. Diese Kombination wurde verwendet, um auszudrücken, daß ein Schmetterling davongeflogen war.

- **Groß + «Doktor»:** Für ein 16 Monate altes Kind ist es nicht ungewöhnlich, wenn der Arzt größer erscheint als er in Wirklichkeit ist. Genau das wollte Dillon durch diese Wort-Zeichen-Verbindung mitteilen.

- **Hut + «Papa»:** Wie Ihnen jeder Linguist bestätigen wird, bedeutet die Fähigkeit, Besitz auszudrücken, für kleine Kinder einen großen Schritt vorwärts. Der 16 Monate alte Andrew verwendete diese Zusammensetzung, als er den Fahrradhelm seines Vaters auf dem Garagenboden fand.

- **Wasser + «meins»:** Die 17 Monate alte Megan fühlte sich veranlaßt, ihrer Spielkameradin mitzuteilen, wessen Wasser es war, das da auf dem Tisch stand.

- **«Ich» + Essen + Vogel:** Diese neuerliche Kombination aus drei Zeichen stammt von dem 17 Monate alten Alex, der seine Mutter dadurch informierte, daß er an der Reihe sei, die Enten zu füttern. Sie sehen, daß das *Essen*-Zeichen von ihm schöpferisch zu *füttern* ausgeweitet wurde.

Haben Sie gemerkt, daß in diesen Zusammensetzungen die Babyzeichen für *mehr, allealle* und *wo?* besonders beliebt zu sein scheinen? Dafür gibt es eine einfache Erklärung. Die drei Zeichen lassen sich, wie ihre gesprochenen Äquivalente, besonders leicht mit vielen verschiedenen Objektbezeichnungen kombinieren. Alles mögliche, von Knöpfen bis zu Schleifen, kann verschwinden («allealle»), schwer zu

«Du, Mama, wo ist die Micky Maus geblieben?» So lautet die eigentliche Frage, die der 14 Monate alte Kai seiner Mutter stellt, während er mit einem beliebten Pop-up-Buch spielt. Am Anfang benutzte er dieses Babyzeichen allein, mit 15 Monaten kombinierte er es dann mit anderen, wozu auch Flugzeug, Vogel, Hund, Buch und viele mehr gehörten.

finden sein («wo?») und noch gewünscht werden («mehr»). Andere Zeichen funktionieren ähnlich. Viele Dinge können heiß oder kalt sein, klein oder groß, drinnen oder draußen. Denken Sie bei der Auswahl von Zeichen, die Sie Ihrem Kind beibringen wollen, daran. Gehören einige dieser Zeichen zu seinem Repertoire, erhöht sich unweigerlich die Chance, daß es Babyzeichen verwendet, um sich im Bilden von Sätzen zu üben.

Es läuft – in verschiedene Richtungen

Hat ein Kind erst einmal Laufen gelernt, kann niemand sagen, wohin es geht oder welchen Weg es einschlägt, um sein Ziel zu erreichen. Man braucht nur zwei Babys mitten in einen Park zu setzen, und schon wird sich das eine vielleicht zu den Schaukeln aufmachen, während sich das andere damit begnügt, gemächlich durch die Gänseblümchen zu Ihren Füßen zu krabbeln. Jedes Baby ist einmalig. Was das eine lockt, läßt das andere kalt. Was das eine veranlaßt, mit Volldampf loszulaufen, inspiriert das andere höchstens, dorthin zu kriechen. So gesehen unterscheidet sich das Abenteuer mit den Babyzeichen keineswegs vom Abenteuer des Laufenlernens. Jedes Kind bringt in das Babyzeichen-Experiment seine eigene Entwicklungsgeschichte mit ein, sein eigenes Interesse an der Kommunikation und seinen eigenen Stil, sich mit seiner Umgebung auseinanderzusetzen. Wir haben gesehen, wie Babyzeichen auf alle möglichen von uns beschriebenen Arten verwendet wurden – um die Aufmerksamkeit auf die Umwelt zu schärfen, zur Konzentration auf Ähnlichkeiten und um sich der Herausforderung zu stellen, Sätze zu bilden. Hier wie auf jedem anderen Gebiet geben jedoch individuelle Unterschiede den Ton an, jedes Baby wird sich die Zeichen in einer Weise zunutze machen, wie sie ihm selbst am besten zupaß kommen.

Kapitel 6

Erlebnisse mit Babyzeichen

Im Laufe der Jahre, während der wir mit den Familien arbeiteten, haben wir viele faszinierende und herzerwärmende Berichte darüber gehört, in welcher Weise die Babys die Zeichen einsetzten. Diese Geschichten machten den spaßigsten und aufregendsten Aspekt unserer Arbeit aus. Sie lieferten uns neue Energie, wenn wir erschöpft waren, bekräftigten uns in unserem Glauben an die Bedeutung der frühkindlichen Kommunikation und brachten uns immer wieder zum Lachen. Am wichtigsten aber ist, daß sie uns anregten, dieses Buch zu schreiben. Ständig erzählten uns Eltern, wie glücklich sie seien, Babyzeichen kennengelernt zu haben. Sie ließen uns teilnehmen an ihrer Zeit, ihren Babys und ihren Erlebnissen und ermutigten uns, die Vorzüge der Babyzeichen auch Ihnen nahezubringen. Da ist es nur recht und billig, wenn diese Familien nun auch selbst zu Worte kommen und jetzt auch Sie an ihren Erlebnissen teilhaben lassen. Es folgt eine Auswahl unserer Lieblingsgeschichten.

«Keine Angst, Mama, ich beschütze dich!»

Der 14 Monate alte Austin tappelte in der Garage umher, während seine Mutter Jackie für einen bevorstehenden Flohmarkt Babysachen aussortierte. Bei der Verlagerung einer großen Schachtel krabbelte ein Weberknecht darunter hervor und steuerte direkt auf Austin zu. Der hatte das nervenknotengleiche Spinnentier sofort erspäht, betrachtete es, schaute dann zu Jackie und machte das *Spinnen*-Zeichen. Gerade wollte diese: «Ganz richtig, Austin, das ist eine Spinne» sagen, als Austin mit seinem Turnschuh kräftig darauf trat und es plattquetschte. In demselben Moment blickte er die überraschte Jackie an und machte, begleitet von einem breiten Grinsen, das Zeichen für «Allealle».

Jackie war über Austins Fähigkeit, das Ereignis so souverän beschreiben zu können, ganz verblüfft. Es gab wirklich keinen Zweifel, die Spinne war «alle»!

«Schau meine Nase an!»

Die 15 Monate alte Leannie und ihre Großmutter Susan saßen auf der Veranda und genossen gemeinsam ein Eis am Stiel. Leannie schleckte einmal und machte das «mehr»-Zeichen, wenn sie wieder Appetit hatte. Jedesmal antwortete Susan dann mit: «Du möchtest noch einmal lecken?» Woraufhin Leannie: «Dada!» erwiderte. Das ging so einige Zeit. Zwischen dem Lecken pflückte Susan einmal eine Blume im nahen Garten und überreichte sie Leannie. Danach wurde der Gaumengenuß fortgesetzt.

Ein paar Minuten später, als Leannie wieder «mehr» zu verstehen gab, fragte Susan wie gehabt: «Möchtest du noch einmal lecken?» Leannies Antwort lautete: «Nein.» Überrascht von Leannies Unterbrechung der Routine vergewisserte sich Susan: «Du möchtest nicht noch einmal lecken?» Als Antwort machte Leannie das «mehr»-Zeichen, rümpfte dann die Nase und schnupperte (ihr Babyzeichen für *Blume*). «Ach», meinte Susan, «du möchtest noch eine Blume?» Ein breites Lächeln erschien auf Leannies Gesicht, als sie «Dada!» hervorbrachte. Beim erneuten Blumenpflücken wurde Susan wieder die Macht bewußt, die die Babyzeichen einem so kleinen Verstand in die Hand liefern – die Fähigkeit, Gedanken, Gefühle und Wünsche zu äußern, bevor die Kraft der Worte zur Verfügung steht.

Die Sonne meines Sohnes

Der 13 Monate alte Bryce hatte häufig Schwierigkeiten, nachts durchzuschlafen. Eines Morgens, kurz vor Sonnenaufgang, wachte er auf und fing an zu weinen. Als Bryce' Mutter ihn hörte, tastete sie zu ihrem Mann Norm hinüber und stubste ihn an: «Du bist dran», murmelte sie ihm schlaftrunken zu. Nach kurzem Protest kroch Norm mißmutig aus dem Bett und ging zu Bryce hinein, um ihn zu trösten, was in der Regel nicht leicht zu bewerkstelligen war.

Nachdem ein Wieder-in-den-Schlaf-Wiegen dieses Mal nicht zu helfen schien, trug Norm seinen kleinen Sohn nach draußen auf die Veranda, setzte sich in die Schaukel und schwang hin und her. Wie er da so um halb sechs Uhr morgens auf der Veranda saß, wo er doch oben in seinem schönen Bett hätte liegen sollen, war er ziemlich frustriert. Allmählich beruhigte sich Bryce ein bißchen, als er die Sonne sich über den Horizont schieben sah. Noch immer leise wimmernd, die Bäckchen tränenverschmiert, schaute er seinen Vater an und machte das *Licht*-Zeichen. Norms Herz schmolz, und er drückte Bryce fest an sich. «Stimmt, Brycie. Die Sonne geht auf und bescheint uns mit ihrem Licht.» Rückblickend ist dies für Norm einer der schönsten Momente mit seinem Sohn.

Eine Babyzeichen-Geschichte über Fische

Fisch gehörte zu Brandons Lieblingszeichen. Er war geradezu ein «Fisch-Detektiv», überall, wo er sich aufhielt, suchte er nach Fischen und freute sich darüber, seinen Eltern zu «erzählen», wann er einen aufgespürt hatte. Die liebste Babyzeichen-Geschichte seiner Eltern ist mit Brandons erstem Flug verknüpft, damals war er 15 Monate alt. Als sich die Familie auf ihren Sitzen niederließ, schaute Brandon aus dem Fenster und begann begeistert mit den Lippen zu schmatzen, womit er seinen Eltern anzeigen wollte, daß er einen Fisch sähe. Lisa und Jim schauten aus dem Fenster, aber es regnete ziemlich heftig, und draußen konnten sie nur das Wasser niederstürzen sehen. Nichts, das für sie einem Fisch ähnelte, war zu entdecken. Brandon beharrte darauf und fuhr fort, abwechselnd aus dem Fenster und seine Eltern anzusehen, wobei er ständig «Fisch, Fisch, Fisch» machte. Es war klar, daß er sie dazu bringen wollte, seine Mitteilung zu bestätigen, diese konnten aber im Moment partout keinen Fisch entdecken.

Mit einem Mal kam ihnen der Regen vor dem ovalen Flugzeugfenster bekannt vor. Aufgeregt antworteten Brandons Eltern wie aus einem Munde: «Toll! Das sieht aus wie unser Aquarium zu Hause. Stimmt, Brandon. In so etwas leben die Fischlein.» Brandon strahlte über das ganze Gesicht, als er sich in seinem Erfolg sonnte. Jim und Lisa waren über Brandons Beobachtungsgabe verblüfft und freuten sich über seine Fähigkeit, derart erfolgreich kommunizieren zu können. Auch die anderen Passagiere waren mächtig beeindruckt!

«He, Papa, kannst du denn nicht ‹hören›?»

Die resolute 15 Monate alte Keesha hatte die Kekse aufgegessen, die ihr Vater Bill ihr gegeben hatte, und wollte nun mehr. Sie machte das Zeichen für *mehr*, aber Bill schaute im Fernsehen gerade ein Basketballspiel an und ging auf ihr Verlangen nicht ein. Nach einigen weiteren höflichen Versuchen hob Keesha genau vor Bills Gesicht ihre Hände und pochte in aller Deutlichkeit mit ihren Fingerspitzen in die Innenseite ihrer anderen Hand. Bill berichtete uns, daß es ihm vorkam, als ob Keesha: «Mehr, mehr, mehr!» rufen würde.

Ihre Mutter Jody fand den Vorgang besonders interessant, zumal Keesha gerade an diesem Morgen erstmals laut mit Worten nach ihnen gerufen hatte. Bill und Jody hatten sich zu der Zeit in der Küche aufgehalten, als sie Keesha nach ihnen rufen hörten; zuerst mit normaler

Stimme und dann in laut schreiendem Tonfall: «Maaama, Paaapa!» Für Bill und Jody war dies ein neuerlicher Hinweis darauf, daß Babyzeichen und Wörter in Keeshas Köpfchen ein und dasselbe waren.

«Schau, Papa, ein Vogelpferd»

Der 19 Monate alte Micah machte mit seinem Vater einen Schaufensterbummel durch die Ladenpassage, als Micah etwas erspähte, das seine Aufmerksamkeit auf sich zog. Er wurde ganz aufgeregt und machte das «Vogel»- und das «Pferd»-Zeichen gleichzeitig. Sein Vater erwiderte: «Oh, du siehst einen Piepmatz?» Woraufhin Micah seinen Kopf schüttelte und weiter seine beiden Zeichen machte. Endlich merkte sein Vater, was ihn da so interessierte: In einem der Läden hing ein riesiges Mobile von der Decke, das aus leuchtend bunt bemalten geflügelten Einhörnern bestand, die im Kreis herum flogen. Micah hatte ein aus Babyzeichen zusammengesetztes Kompositum erfunden – eine ganz beachtliche Leistung für ein 19 Monate altes Kerlchen!

Robin, die Helmkontrolleurin

Mark und Ellen leben in einer Universitätsstadt, in der die Mehrheit der Bewohner mit dem Fahrrad fährt. Bei der strikten Durchsetzung der Helmvorschrift für Fahrradfahrer sind die von den an den Straßenrändern parkenden Fahrrädern herunterbaumelnden Helme ein gewohnter Anblick. Ellens und Marks 18 Monate alte Tochter Robin, eine gewiefte Babyzeichen-Benutzerin, führte ihnen vor, für wie typisch sie diesen Anblick hielt. Nach einem Besuch in der Eisdiele schlenderten alle drei nach Hause, als Robin, sichtlich betroffen, plötzlich zu einem der parkenden Fahrräder hinüberrannte. Sie untersuchte das Fahrrad von allen Seiten und schaute dann zu Ellen und

Mark hinauf, die beide gespannt waren, worüber sich Robin so beun-
ruhigte.

Da Robin über ein relativ umfangreiches Zeichenrepertoire verfügte und begonnen hatte, diese in Kombination miteinander zu benutzen, um komplexere Sachverhalte ausdrücken zu können, war sie
schnell mit einer Erklärung bei der Hand. Sie klopfte sich auf den
Kopf, hob dann seitlich ihre Hände mit den Handflächen nach oben
und zuckte die Achseln. Schnell erkannten ihre Eltern Robins Babyzeichen für *Hut* und *Wo ist es?*. Unbeirrt fuhr Robin fort, ihre Zeichen
zu wiederholen und abwechselnd ihre Eltern und das Fahrrad in einer
Weise anzuschauen, die ganz eindeutig darauf abzielte, etwas mitzuteilen. Ellen brauchte nicht lange, um herauszufinden, daß Robin fragte:
«Wo ist der Fahrrad-‹Hut›?»

Ellen und Mark waren ob Robins Fähigkeit, ihre Babyzeichen auf
so kreative Weise einsetzen zu können, derart aufgewühlt, daß sie uns
gleich anriefen, sobald sie zu Hause angekommen waren, um uns an
ihrem Erlebnis teilhaben zu lassen.

«He, Madame, nicht so doll, bitte!»

Kathleen, Leiterin einer Kinderkrippe, benutzte schon seit Jahren Babyzeichen, um den Umgang mit den vielen Kleinkindern zu erleichtern, die sich in ihrer Obhut befanden. In einer ihrer Geschichten geht
es darum, wie die Zeichen eines Tages der 20 Monate alten Tosha zu
Hilfe kamen. Während des Windelwechsels hob Kathleen Toshas
Beine an, indem sie sie bei den Knöcheln faßte, um sie so hochzuhal-
ten. Tosha sagte etwas wie: «haat», hart. Woraufhin Kathleen antwortete: «Tosha, du willst mir etwas sagen, aber ich verstehe dich nicht.
Kannst du mir zeigen, was du möchtest?» Tosha streckte ihr die
Hände entgegen und strich sich mit den Fingerspitzen der einen Hand
über den Handrücken der anderen Hand – ihr Babyzeichen für *Vor-*

sicht oder *sachte* – und wiederholte: «haat!» «Oh, Tosha», sagte Kathleen, «ich habe deine Knöchel zu fest angepackt! Entschuldige! Ich muß sachte sein.»

Laut Kathleen zeigen gerade solche Interaktionen, wie hilfreich Babyzeichen in der Tagesbetreuung für den Umgang miteinander sein können und weshalb sie sie als integrativen Bestandteil in ihre Krippenbetreuung aufgenommen hat. Sie führt sowohl die Betreuerinnen, die bei ihr angestellt sind, als auch die Familien, für die sie arbeitet, in die Babyzeichen ein und empfiehlt anderen Betreuungseinrichtungen, es ihr gleichzutun.

Sooty schläft

Mit elf Monaten fing der in Hunde vernarrte Zachary an, für *Hund* eine Streichelgebärde zu benutzen. Er pflegte sie mehrmals täglich zu gebrauchen, um sich über richtige Hunde, Bilder von Hunden, Hunde im Fernsehen, eigentlich über alles, was irgendwie nach Hund aussah, zu «unterhalten». Mit 13 Monaten war er so weit, über Hunde zu «sprechen», sobald er es draußen auch nur bellen hörte. Er hatte sich angewöhnt, dann seine Hand ans Ohr zu legen (sein Zeichen für *Geräusch/Lärm*), seine Eltern anzusehen und das *Hund*-Zeichen zu machen. In der Folgezeit eignete sich Zachary etliche weitere Babyzeichen und einige gesprochene Wörter an, zu letzteren gehörte auch *Papa*; Hunde standen für ihn aber weiterhin an erster Stelle. Er bediente sich sogar des *Geräusch*-Zeichens, um seinem Wunsch Ausdruck zu verleihen, in das elterliche Schlafzimmer gehen zu dürfen, um dem nebenan wohnenden Sooty zu lauschen (der, Pech für seine Eltern, fast immer bellte).

Eines Abends, als Zachary seiner Mutter wiederum «Geräusch» und «Hund» bedeutete, entgegnete diese: «Du hörst Sooty? Sollen wir ins Schlafzimmer gehen und horchen?» Zach nickte begeistert. Als sie aber dort angekommen waren, blieb alles still, und Zachs Mama meinte: «Ach, ich glaube, Sooty schläft.» Enttäuscht, aber von seiner Fähigkeit, mit seinen Eltern eine «Unterhaltung führen zu können», geleitet, rannte er zurück ins Wohnzimmer, um seinen Vater über diese Neuigkeit in Kenntnis zu setzen. Zach rief: «Papa!» und machte dann das *Hund-* und *Schlafen*-Zeichen.

Mit seinen 15 Monaten hatte Zachary drei Sprachsymbole miteinander kombiniert! Erst mit 23 Monaten war er in der Lage, dasselbe nur mit Worten auszudrücken. Hätten sie keine Babyzeichen gehabt, gaben seine Eltern unumwunden zu, hätten sie so vieles von dem, was Zach ihnen erzählen wollte, nicht mitbekommen.

«Nun los, schüttle sie schon!»

Wie wir in einem früheren Kapitel schon erwähnt haben, erfinden Babys regelrecht Zeichen aus eigenem Antrieb und verwenden sie manchmal, ohne daß die Eltern dessen gewahr werden. Bei der erstgeborenen Megan war das der Fall, die ihre Eltern doch tatsächlich als Einjährige mit Babyzeichen bekannt machte. Jack und Carole beobachteten, wie Megan ihre Faust hin und her schüttelte und sie dabei anschaute, als ob sie ihnen etwas sagen wollte. Es dauerte ein paar Tage, aber als sie endlich schalteten, wunderten sie sich doch, wie klug ihre Tochter war. Eines Nachts, nachdem sie Megans Flasche in der Mikrowelle erhitzt hatte, ging Carole auf Megan zu, wobei sie die Flasche in der Hand schüttelte, um die Wärme gut zu verteilen. Daraufhin begann Megan in Erwartung ihrer Flasche zu lächeln und ihre Faust zu schütteln. Nun ging Carole ein Licht auf – Megan ahmte ihre Mutter nach, wie sie die Flasche schüttelte. «Könnte sie in den letzten Tagen nicht nach ihrer Flasche ‹gefragt› haben?» ging es Carole durch den Kopf.

In der nächsten Woche überprüfte sie diese Hypothese. Jedesmal wenn Megan ihre Faust schüttelte, ging Carole darauf ein und fragte: «Möchtest du deine Flasche?» Woraufhin Megan zur Bestätigung unweigerlich mit dem Kopf nickte. Auf der Stelle telefonierte Carole mit Lila, denn sie erinnerte sich, etwas über einen Babyzeichen-Kurs gehört zu haben, den Lila und ihr Mann besucht hatten. Über Lila erfuhr sie von uns, und wir führten sie dann offiziell in die Welt der Babyzeichen ein. Zusammen mit Megan gehörte sie bald zu unseren passioniertesten Anhängern!

«Ich bin deine Freundin»

Kara und Levi, beide 17 Monate alt, sind dicke Freunde und gehen in dieselbe Kindertagesstätte. Eines Morgens war Kara Zeugin, wie sich der eintreffende Levi weinend von seinen Eltern trennte. Kurz darauf wandte sie sich an ihre Mutter Joyce, zeigte auf Levi und hielt ihre Hände wie Trauben unter die Augen, ihre Geste für *traurig*. Joyce antwortete: «Ja, Kara, Levi ist heute morgen traurig.» Kara, die Levi ihr Mitgefühl ausdrücken wollte, ging zu ihm hinüber und schmatzte mit den Lippen.

Glücklicherweise sah Laura, die Betreuerin, Kara und wußte gleich, was diese meinte. Sobald sich ein Kind schwer von seinen Eltern trennen konnte, suchten die Betreuer es mit dem Füttern der Fische abzulenken. «Na, Levi», sagte Laura, «heute hast du's aber schwer, nicht? Kara meint, daß Fischefüttern dir helfen könnte.» Als Laura Levi zum Aquarium führte, kam Kara ihnen nach, strahlend vor Stolz ob ihrer eigenen Hellsichtigkeit. Wie anderen Erzieherinnen in Kindertagesstätten auch waren Laura die Babyzeichen zur Selbstverständlichkeit geworden.

Schlafend auf Sendung

Wenn es für seine Umgebung ein so schöner Tag ist, warum schläft Mr. Rogers dann? So oder ähnlich muß es dem 16 Monate alten Kevin durch den Kopf gegangen sein, als er eines Tages in die Küche gerannt kam. Mr. Rogers war Kevins Idol, und es verging kaum ein Morgen, an dem er sich nicht vorm Fernseher niederließ, um sein zweites Frühstück gemeinsam mit seinem geliebten TV-Freund einzunehmen. Auch Kevins Mutter Leigh wußte Mr. Rogers zu schätzen, nicht nur als großes Vorbild für Kevin, sondern auch als Gelegenheit, den Morgenabwasch hinter sich zu bringen. Aus diesem Grund steckten ihre Arme auch bis zu den Ellenbogen im Seifenschaum, als Kevin hereinstürmte, an ihren Jeans zerrte und seine Gebärde für *Schlafen* machte. «Mr. Rogers schläft?» fragte Leigh ungläubig. Als sie innehielt, um diese Möglichkeit zu durchdenken, hörte sie eine Stimme sagen: «Na, Mr. Rogers, Ihr letzter Besuch ist wohl an die sechs Monate her!» Woraufhin Mr. Rogers die Antwort: «Ah-ahh» hören ließ. «Nun, Kevin», meinte Leigh, «wenn Mr. Rogers vorher geschlafen hat, jetzt ist er bestimmt wach. Sieh mal nach.» Kaum hatte sich Leigh wieder dem Waschbecken zugewandt, als Kevin erneut zurückkehrte und noch eindringlicher «Eingeschlafen! Eingeschlafen! Eingeschlafen!» vormachte. Jetzt war auch Leighs Neugier so weit geweckt, daß sie ihre schaumigen Hände abwusch, ein Handtuch ergriff und Kevin ins Wohnzimmer folgte.

Ein einziger Blick auf den Bildschirm löste das Rätsel, wie Mr. Rogers es fertigbrachte, eine Frage zu beantworten, während er «schlief». Man sah Mr. Rogers in einem Sessel liegen, die Beine hoch, den Kopf nach hinten, Mund offen und Augen zu – neben sich Dr. Paul, den Zahnarzt! Die Geschichte von dem schlafenden Mr. Rogers auf Sendung ist in der Familie seither ein Klassiker.

Genau dasselbe, nur anders

Die beiden vier Jahre alten Katzen Scruffy und Dusty führten im Hause der Poulis ein Leben wie Prinz und Prinzessin. Vielleicht war das der Grund, weshalb Rose als eines der ersten Babyzeichen das für *Muschi* lernte. Nie ließ die 13 Monate alte Rose ihre Familie in Unkenntnis, wenn ihr eine Katze über den Weg lief; stets strich sie sich dann mit der rechten Hand von den Fingerspitzen bis zum Ellenbogen über den linken Arm, so als ob sie eine Katze streichelte. Ihre Mutter und ihr Vater freuten sich über das Talent ihrer Tochter, über Katzen «sprechen» zu können, und staunten über ihren Hang, meilenweit entfernte Katzen auszumachen.

Auf das, was sie an dem Tag erlebten, als die damals 14 Monate alte Rose ihr erstes Katzenkind sah, waren sie allerdings nicht gefaßt. Völlig perplex verfolgten sie, wie Rose, statt wie üblich mit ihrer rechten Hand bis zum linken Ellenbogen über ihren Arm zu streichen, schon vorher haltmachte, nämlich dort, wo die Finger der linken Hand endeten. Diese verkürzte Geste wiederholte sie mehrfach und sah ihre Eltern strahlend und mit erwartungsvollen Augen an. Mit Erstaunen nahmen diese zur Kenntnis, was Rose vollbracht hatte: Indem sie ihr eigentliches Zeichen bewußt abkürzte, verdeutlichte sie ihnen, daß es sich hier nicht um eine Katze normaler Größe handelte, sondern bloß um ein winzig kleines Kätzchen! Daß ein Kind von 14 Monaten so gescheit sein konnte, hätten sie nicht gedacht!

Nicht jeder Hafen ist ein sicherer Hafen

Es gab keinen Zweifel, irgend etwas gefiel der 15 Monate alten Emily nicht. Nachdem er sie für ihr Nachmittagsschläfchen fertig gemacht hatte, war ihr Vater gerade ins Wohnzimmer zurückgekehrt, als das Jammern auch schon losging. Ed war ratlos. Er war überzeugt, alles richtig gemacht zu haben. Ihr Bauch war voll, sie hatte eine frische Windel und nur noch ihr Unterhemdchen an, und die Spieluhr spielte ihr Lieblingswiegenlied. Was stimmte denn nicht? Als er die Tür zu ihrem Zimmer öffnete, genügte ein Blick in ihr Gesicht, und er wußte Bescheid. Mit Tränen in den Augen lag Emily da, eine Hand umklammerte den Rand ihres Kinderbettchens, und mit der anderen tippte sie wiederholt an ihre Lippen. Ed erfaßte das Babyzeichen sofort und rief: «Oh, Em! Ich habe deinen Schnuller vergessen, nicht wahr?» Mit einer Entschuldigung griff er in die Schublade, zog einen heraus und reichte ihn ihr.

Emily aber runzelte ihre Stirn und schüttelte heftig den Kopf. «Was ist denn jetzt falsch, Em? Willst du keinen Schnuller?» Nun nickte Emily ebenso heftig mit dem Kopf, streckte gleichzeitig ihre Arme aus, Handgelenke zusammen, und schlug die Innenflächen gegeneinander, wie wenn sie klatschte. Auf der Stelle erkannte Ed das Zeichen für *Krokodil*, und das Rätsel war gelöst. «Oh, jetzt weiß ich!» rief er, «du möchtest einen anderen Schnuller, den mit dem Krokodil drauf!» Emilys zustimmendes Lächeln sagte ihm, daß er den Nagel auf den Kopf getroffen hatte.

Als er sie erneut in ihrem Bett zurechtlegte, dachte er befriedigt, nun wirklich alles richtig gemacht zu haben – mit ein wenig Hilfe seitens der Babyzeichen.

Angst vor Nähe

Seit neuestem gehörte die warmherzige Marla zur Betreuungsgruppe der 20 Monate alten Laney. Vom ersten Tag ihres Erscheinens an war klar, daß Marla gern in die Tagesstätte ging. Sie lächelte viel, was Laney sehr mochte. Auch lachte sie oft, was Laney ebenfalls gefiel. Was Laney aber gar nicht aushalten konnte, war, daß Marla auch gerne Umarmungen austeilte. Und zwar keine kurzen, sanften, denn Marla war

ein großes Mädchen, und wenn sie ihre Arme um jemanden legte und
zudrückte, dann *merkte* man es auch. Nach ein oder zwei dieser kräf-
tigen Umklammerungen wurde Laney von panischem Schrecken er-
griffen, sobald Marla sich ihr auch nur näherte.

Für die Erzieherin, die alles beobachtet hatte, stand fest, daß etwas
geschehen mußte, aber was? Sie brauchte nur einen Moment zu überlegen, um einzusehen, daß hier Babyzeichen helfen könnten. Sie nahm
Laney beiseite und erklärte ihr, daß sie Marla das nächste Mal, wenn
diese ihr zu schnell zu nahe käme, «Halt!» gebieten könne, indem sie
ihr die Hand mit erhobener Innenfläche entgegenstreckte. Sie übten
ein bißchen, indem sie eine Art Halt-und-weiter-Spiel spielten, und
bald war Laney soweit, es mit der Welt aufnehmen zu können. Es
klappte! Als Marla erneut auf sie zurannte, schnellte Laneys Hand
hervor und gebot ihr Einhalt. Aber damit war es nicht getan, denn nun
zog Laney zur großen Verwunderung der Erzieherin ihre Trumpf-
karte hervor: der *Halt*-Geste ließ sie ein Babyzeichen folgen, das sie zu
Hause gelernt hatte – *sachte*. Bald benutzten alle Kinder diese beiden
Zeichen, nicht nur gegen Marlas Umarmungen, sondern auch bei anderen Spielkameraden, wenn deren Aktivitäten etwas zu stürmisch
ausfielen. Mit Hilfe der Babyzeichen, so die Erklärung der Erzieherin
gegenüber den Eltern, habe sie ihren Wickelkindern eine Art «Selbst-
behauptungstraining» angedeihen lassen.

«Hier war das Schwein»

Im Alter von 15 Monaten besuchte Brandon zusammen mit seinen Eltern den jährlichen Street-market in einer Nachbarstadt. Der stärkste
Anziehungspunkt für Brandon war dort das Hängebauchschwein,
und da er für *Schwein* ein Zeichen machen konnte (mit den Fingerspitzen an die Nase tippen), war es ihm auch möglich, über dieses faszinierende Tier zu «sprechen». Sehr zum Verdruß seiner Eltern

Zum Abschluß unserer «Erlebnisse mit Babyzeichen» soll der 17 Monate alte Turner das letzte Wort haben: «Das war's, Leute!»

konnte er seinem Wunsch, immer wieder das Schwein betrachten zu wollen, durch hartnäckigen Gebrauch dieses Zeichens Ausdruck verleihen.

Erst anderthalb Monate später kam die Familie wieder in diese Stadt. Als sie so herumspazierten, begann Brandon «Schwein» zu signalisieren, woraus seine Eltern schlossen, daß er ihnen unbedingt etwas mitteilen wollte. Mit seiner Beharrlichkeit zog er zwar ihre Aufmerksamkeit auf sich, aber wie gründlich sie sich auch umschauten, von Schweinen war nichts zu sehen. Plötzlich dämmerte ihnen, daß sie genau die Stelle passierten, an der sie das Hängebauchschwein gesehen hatten. Als sie Brandon wissen ließen, daß auch sie sich an das Tier erinnerten, lächelte er und stellte das Zeichenmachen ein – endlich hatten seine Eltern begriffen!

Brandons Erlebnis veranschaulicht genau das, was wir mit dem ganzen Buch zeigen wollen: Wie durch ein Fenster geben uns Babyzeichen einen Einblick in die Gedankengänge eines Kleinkindes. Mittels dieses Fensters war es Brandons Eltern nicht nur möglich nachzuvollziehen, was ihr Sohn gerade dachte, sie erfuhren auch, was für ein phänomenales Gedächtnis er hatte. Auch Ihrer harren derartige Überraschungen, wenn Sie sich in die Schar der Babyzeichen-Familien einreihen.

Kapitel 7

Der Übergang zum Sprechen

Jeder, der einmal ein echtes Puzzle zusammengesetzt hat, kennt die Erregung, die aufkommt, wenn man sich dem Ende nähert. Erinnern Sie sich einmal: Ist da nicht der Punkt, wo nur noch so wenige Teile übrig sind, daß sie gewissermaßen wie von selbst an ihren Platz flutschen? Entscheidungen sind nur noch wenige zu treffen, dementsprechend erhöht sich das Tempo. Kaum hat ein Teil seinen Platz gefunden, legen Sie auch schon seinen Nachbarn an die passende Stelle. Wie in einem Wirbelwind wird man davongetragen. Die Motivation, es fertigzustellen, ist derart stark, daß wir uns durch nichts davon abhalten lassen. «Bestimmt, ich komme gleich! (Hm, das hierhin, das dorthin, hier noch dieses, dieses noch und dieses … tamtaramtam! Fertig!)»

Ganz ähnlich läuft es auch beim Sprachpuzzle. Legt sich ein Teil nach dem anderen an die richtige Stelle, und dazu gehört auch das Babyzeichen-Teil, wirkt das entstehende Sprachbild dermaßen stimulierend, daß Ihr Kind von dem abschließenden Teil rasant und unwiderstehlich angezogen wird und sich immer mehr Wörter erobert. Als erfahrener Babyzeichen-Benutzer weiß es schließlich schon, daß «Sichunterhalten» Spaß macht, daß Dinge Namen haben und daß seine Mitmenschen gerne hören, was es ihnen zu «sagen» hat. Nun braucht es nur noch die Schwierigkeiten mit seinen Stimmbändern zu meistern! («Ach ja, so geht das, das hierhin, das dorthin und jetzt nur noch dieses, dieses, dieses und dieses … fertig! ‹Wauwau›!»)

Sie werden bemerkt haben, daß wir, um die Beziehung zwischen Ihrem Baby und der gesprochenen Sprache zu beschreiben, den Aus-

Linda trägt den 14 Monate alten Kai auf dem Arm, der ihr an Hand eines Babyzeichens von dem Flugzeug berichtet, das gerade über sie hinwegfliegt.

druck *unwiderstehlich angezogen* benutzt haben. Wir haben diese Wortwahl ganz bewußt getroffen, denn wir wollen Ihnen damit einen Begriff von der magnetischen Anziehungskraft vermitteln, der jedes Menschenkind unweigerlich erliegt. Überall auf der Welt lernen die neuen Erdenbürger sprechen. Was dabei herauskommt, unterscheidet sich von Kultur zu Kultur. Überall gleich bleibt allerdings die Benutzung komplexer Muster vernehmbarer Laute, um komplexe Botschaften von einer Person zur anderen zu übermitteln. Noch nie wurde eine Kultur entdeckt, egal, wie isoliert vom Rest der Welt sie auch existiert hat, die diese menschliche Fähigkeit nicht besessen hätte. Genau wie alle Kinder zwei Augen, vier Herzkammern und Haare auf dem Kopf haben, lernen auch alle eine vernehmbare Sprache. Selbstverständlich trifft es zu, daß dem bei einer kleinen Minderheit physische, neurologische oder emotionale Probleme entgegenstehen. Aber für alle übrigen Kinder, inklusive derjenigen, die in den zusätzlichen Genuß der Babyzeichen gekommen sind, gilt, daß sie nichts davon abhalten wird, sprechen zu lernen!

Woher wissen wir nun so genau, daß sich Babys, die mittels Babyzeichen erfolgreich zu kommunizieren in der Lage sind, mit diesen nicht auch zufriedengeben und ihre Motivation, Wörter zu lernen, verlieren? Verfahren nicht auch Kleinkinder, wie wir anderen, nach der Devise «Was dich nicht juckt, das kratzt dich nicht»? Nein, eben nicht – zumindest nicht, wenn es um die Kommunikation mit denjenigen geht, mit denen sie direkt zu tun haben. Aus einem ganz einfachen Grund: Wenn Babys älter werden, erweitert sich ihr Horizont, und ihre Bedürfnisse ändern sich, und mit diesen Veränderungen geht der starke Wunsch nach ausgefeilteren Kommunikationswegen einher. Gleichzeitig versetzt ihre ausgiebige Übung mit den anderen Teilen des Sprachpuzzles sie in die Lage, sich in die nun gewünschten Richtungen zu entwickeln. So verbessert sich unter anderem ihr Erinnerungsvermögen, die Grundbegriffe nehmen klarere Formen an, die Aufnahmebereitschaft gegenüber der gesprochenen Sprache wächst, und es entwickelt sich die für komplexe, vernehmbare Laute und Sätze nötige neurologische Reife.

Und in welcher Weise verändern sich die Bedürfnisse der Kinder? Denken Sie nur an die neuen Orte, Menschen, Aktivitäten und Ideen, mit denen sie nach ihrem ersten Lebensjahr konfrontiert werden. Zusammengenommen liefern diese neuen Eindrücke ihnen einen unheimlichen Antrieb, sich mit dem Sprechen zu befassen.

Neue Orte, die das Kind erkundet

Je älter Ihr Kind wird, desto weniger wahrscheinlich ist es, daß es lange an einem Ort verweilt. Wohin es früher krabbelte, dorthin läuft es jetzt. Wohin es zu gehen pflegte, dorthin rennt es jetzt. Seine Neugier führt es um Ecken, über Treppen und in neue Räume. Gleichzeitig werden Sie sich als Eltern immer sicherer, daß es nicht mehr absolut notwendig ist, Ihr Kind ständig im Auge zu behalten. Folglich genießt es diese Art neuer Freiheit und erforscht die Ecken und Schlupflöcher seiner Erlebniswelt.

Ein solches Verhalten bringt es mit sich, daß Sie und Ihr Baby nicht mehr ständig miteinander in Blickkontakt stehen. Was aber nicht heißt, daß Ihr Kind Ihnen nun nichts mehr mitzuteilen hätte. Versetzen Sie sich einmal in die Lage Ihres Sprößlings, dann werden Sie das Problem sofort erkennen. Wie Ihnen jede gehörlose Person bestätigen kann, ist der Nutzen einer Zeichensprache gleich Null, sobald man sich nicht mehr von Angesicht zu Angesicht gegenübersteht. Wie anders verhält es sich aber mit Lauten! Diese lassen sich von einem Zimmer zum anderen vernehmen – und zur Not auch schreien! Erweitert sich also der Bewegungsradius unserer Babyzeichen-Benutzer, wird das Erlernen der hinter den Zeichen stehenden Wörter zur zwingenden Notwendigkeit, die nicht empfunden wurde, solange man sich darauf verlassen konnte, daß jeder an Ort und Stelle blieb.

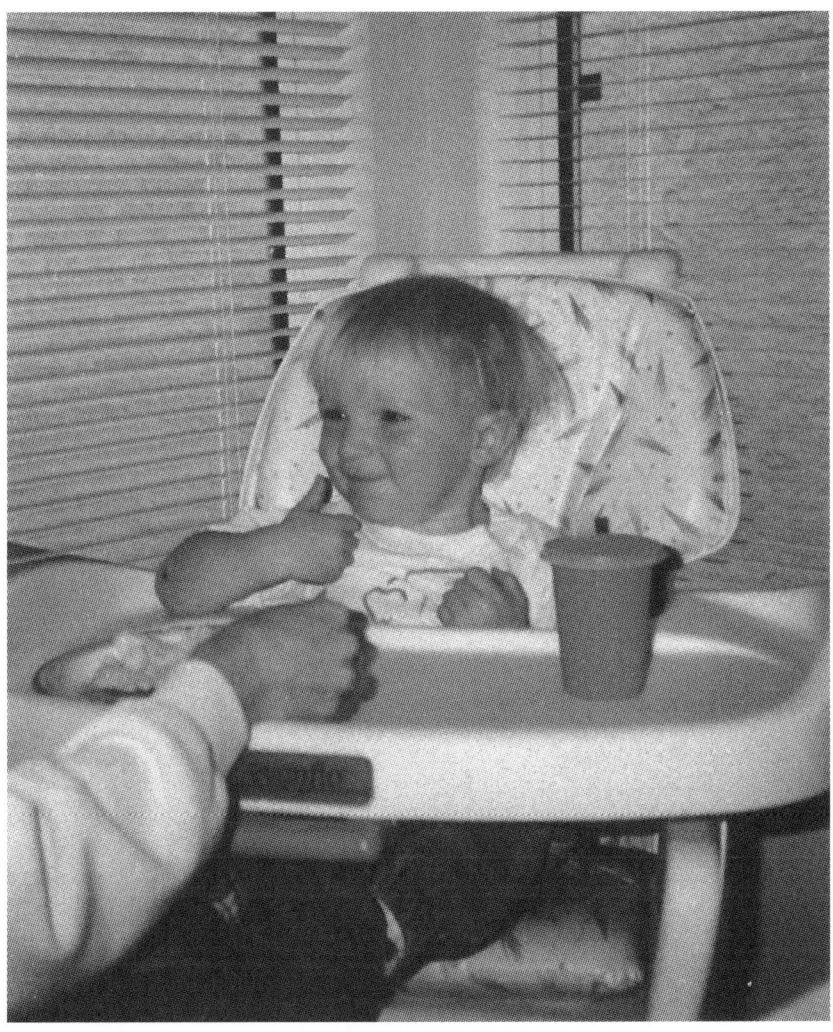

Einige Babyzeichen ähneln Gesten, die Erwachsene benutzen. Eins davon zeigt uns hier der 14 Monate alte Keegan. Er setzt gerade dazu an, sein Trinken-Zeichen zu machen (Daumen an die Lippen), um seiner Mutter mitzuteilen, daß er beim Kartoffelbreiessen nun eine Pause einlegen möchte.

Neue Gesichter

Größere Mobilität und Reife bedeuten auch, daß Ihr Kind auf seinem
Weg ins Leben immer mehr neue Menschen kennenlernt. Das können
andere Familien im Park oder am Schwimmbecken sein, die selbst
Kinder haben, mit denen es spielt. Es kann die Kassiererin oder andere
Kunden im Supermarkt sein, die sich jetzt direkt mit dem Kind statt
mit Ihnen unterhalten. Vielleicht sind es aber auch neue Spielkameraden, die es in der Spielgruppe kennenlernt, sobald es der Krippe ent-
wachsen ist. Erweitert sich sein Freundeskreis, wird es verstärkt auf
Menschen treffen, die seine Babyzeichen nicht unbedingt verstehen.

Einige Zeichen kennt wohl jeder, weil sie Gesten ähneln, die auch
Erwachsene verwenden. So signalisiert beispielsweise die Daumen-an-
die-Lippen-Geste auch weiterhin *Trinken*, egal, wie alt man ist; genauso ist es mit den ausgestreckten Armen, die – Handflächen nach
oben gedreht – für jedermann verständlich «Ich weiß nicht» oder «Wo
ist es?» ausdrücken. Aber Babyzeichen, die nur in Ihrer Familie ge-
bräuchlich sind (wie Arme hoch für *Bibo* oder mit den Fingern über
die Wangen streichen für *Muschi*), werden unweigerlich zugunsten des
weiter verbreiteten Symbolsystems – der gesprochenen Wörter – fal-
lengelassen. Die vielen neuen Gesprächspartner stellen für das heranwachsende Kind einen weiteren starken Ansporn dar, die Wörter hinter den Zeichen zu lernen.

Neue Spiele, die das Kind spielt

Älterwerden heißt auch, daß Ihr Kind in der Beherrschung seines
Körpers, insbesondere seiner Hände, zunehmend geschickter wird,
was ihm wiederum hilft, die Welt weiter zu erkunden und noch mehr
Freude zu erleben. Es gibt Fingerfarben, die man verteilen kann,
Buntstifte, mit denen man malen, Puzzles, die man zusammensetzen,

Leitern, die man besteigen, und Dreiräder, mit denen man fahren kann. All diese Aktivitäten halten die Hände in Trab und lassen das Babyzeichenmachen immer lästiger werden. Gewiß, zum «Auf-Wiedersehen»-Winken nehmen wir uns immer noch Zeit, egal, womit wir gerade beschäftigt sind. Die gesprochenen Wörter sind den Zeichen aber nun um eine Nasenlänge voraus, was nicht der Fall war, solange Ihr Baby, um sich zu amüsieren, noch nicht von seinen Händen abhängig war.

Neue Dinge, über die das Kind spricht

Für ein 15 Monate altes Kind ist es eine großartige Leistung, Ihnen erzählen zu können, daß es einen Schmetterling gesehen hat. Dafür reichen ein oder zwei Symbole, ob es Babyzeichen oder Wörter sind, spielt dabei keine Rolle. Wenn sich die Kinder jedoch weiterentwickeln und immer mehr Informationen über ihre Umgebung sammeln, werden die Ideen, die sie an den Mann oder die Frau bringen wollen, immer verzwickter; denn jetzt interessiert sich das Kind nicht mehr nur für das bloße Erblicken des Schmetterlings, nun will es auch darüber reden, daß dieser genauso aussieht wie der, den es gestern gesehen hat, oder daß es weiß, daß er aus einer Raupe entsteht, oder daß seine Farben ihn an Halloween erinnern.

Für Gedanken von solcher Komplexität eignen sich Babyzeichen einfach nicht. Für die alltäglichen Gegenstände aus der Welt kleinerer Babys sind die Zeichen enorm wirkungsvolle Benennungen, weiß das Kind aber erst einmal über «gestern», «Raupen» und «Halloween» Bescheid, dann ist es an der Zeit, zu etwas anderem überzugehen. Ihr Kind wird ganz automatisch fühlen, wann es soweit ist, und sich den Wortschatz, den es benötigt, mit Eifer aneignen.

Der eigentliche Übergang

Obwohl wir häufig den Eindruck haben, daß Babys sozusagen über Nacht große geistige Sprünge machen, ist der Wechsel vom Zeichen zum gesprochenen Wort doch gewöhnlich ein eher gradueller Prozeß. Gewiß, ab und zu taucht aus dem Nichts plötzlich ein Wort auf und – zack! – ist das Zeichen verschwunden. In den meisten Fällen vollzieht sich dieser Übergang jedoch langsamer.

Ein gutes Beispiel ist die 18 Monate alte Megan, bei der der Übergang von ihrem *Zahnbürsten*-Zeichen (mit dem Zeigefinger über die Vorderzähne reiben) zur Wortversion «Zahnbürste» ganz allmählich vonstatten ging:

1. Fünf Monate lang benutzte Megan ausschließlich das Zeichen, insbesondere, wenn sie morgens zusammen mit ihrer Mutter im Bad war.

2. Mit 18 Monaten begann sie, manchmal etwas, was so ähnlich klang wie das Wort, vor sich hin zu brabbeln, wobei sie gleichzeitig stets das Zeichen machte. Ihre Eltern hatten Schwierigkeiten, das, was sie da murmelte, zu verstehen, und waren auf das Zeichen als Übersetzung angewiesen.

3. Zwei Wochen lang waren Zeichen und Wort gleichberechtigte Partner, die Megan durchgängig beide zusammen benutzte.

4. Nun begann sich das Blatt zugunsten des Wortes zu wenden. Zwar verwendete sie Zeichen und Wort noch gemeinsam, das Wort tauchte aber immer öfter auch alleine auf.

5. Außer in einigen wenigen besonderen Situationen (die am Ende des Kapitels beschrieben werden) benutzte sie, ohne zu zögern, das Wort. Der Übergang war abgeschlossen.

Variationen über ein Thema

Eine der uns am häufigsten gestellten Fragen heißt: Wie schnell, nachdem das Kind ein Babyzeichen gelernt hat, setzt dieser Übergangsprozeß ein? Anders gefragt, wie lange währen Babyzeichen? Die Antwort lautet wie üblich: je nachdem. Auf jeden Fall scheinen hier zwei Faktoren besonders relevant zu sein: für welches Wort das Zeichen steht und welches Kind es benutzt.

Ersteres ist leicht nachzuvollziehen, wir haben es schon erwähnt. Allgemein gilt: Ersetzt das Zeichen ein relativ leichtes Wort, wie *Ball*, *mehr* oder *Muschi*, wird das Wort höchstwahrscheinlich nach ziemlich kurzer Zeit auftauchen. «Kurz» kann hier alles von zwei Wochen bis zu zwei Monaten heißen. Ist das Wort andererseits kompliziert wie *Elefant* oder *Schmetterling*, wird das Zeichen vermutlich länger haftenbleiben. Justin, einer unserer produktivsten Babyzeichen-Benutzer, ersetzte zum Beispiel sein *Ball*-Zeichen nach nur einem Monat durch das Wort. Wohingegen seine Zeichen für *Schmetterling*, *Krokodil* und *Dinosaurier*, die er mit 14 Monaten lernte, weiterhin ihren Reiz ausübten, bis er dann mit 24 Monaten die entsprechenden Wörter lernte. Diese Zeichen benutzte er also ganze zehn Monate lang!

Weniger offensichtlich, dafür aber um so fesselnder ist das zweite Moment, die Veranlagung des Kindes. Jetzt, wo die Zahl der Kinder, die Babyzeichen lernen, wächst, wird immer deutlicher, daß verschiedene Kinder die Zeichen zu ganz unterschiedlichen Zwecken gebrauchen. Zwei Aspekte scheinen besonders attraktiv zu sein. Für manche Kinder sind die Zeichen vornehmlich ein günstiger Weg, um die Liste der Dinge, über die sie sich unterhalten wollen, zu erweitern. Für sie steht die Kommunikation an erster Stelle. Ihnen geht es weniger um die Art der Symbole als vielmehr darum, ob es ihnen damit gelingt, ihre Botschaft zu übermitteln. Daß sie mit den Babyzeichen etwas benennen können, scheint sie zu entlasten, so daß sie ihre Energie verstärkt darauf verwenden können, sich Wörter anzueignen, für die

*Emily begann ungewöhnlich früh, Wörter zu artikulieren. Heißt das, daß sie
nie Babyzeichen benutzte? Keineswegs. Sie fing damit nur noch früher an –
mit acht Monaten. Hier sieht man Emily, wie sie ihr Zeichen für mehr macht
(Zeigefinger auf die Handinnenfläche), um nach mehr Saft zu verlangen.*

keine eindeutige Geste verfügbar ist. Haben sie ein Zeichen für *Blume*, aber keines für *Clown*, so werden sie vermutlich mehr Energie darauf verwenden, zunächst das Wort für *Clown* zu lernen statt das für *Blume*. Diese Kinder tendieren folglich dazu, lange Zeit an ihren Babyzeichen festzuhalten und lieber ihr ständig wachsendes Vokabular an gesprochenen Wörtern zu komplettieren. So hat es der oben beschriebene Justin gemacht. Er behielt außer für *Schmetterling, Krokodil* und *Dinosaurier* noch mindestens acht weitere Babyzeichen bei, aber nicht, weil er Wörter grundsätzlich langsam lernte. Eher das Gegenteil war der Fall, Justin verfügte über ein stolzes Vokabular von nahezu 200 gesprochenen Wörtern!

Noch so ein Beispiel ist Keesha, auch ihr Hauptziel bei der Benutzung der Zeichen bestand darin, ihr sonstiges Vokabular an gesprochenen Wörtern zu ergänzen. Als eifriger Sesamstraßen-Fan lernte sie mit 14 Monaten begierig ein Zeichen für *Krümelmonster*, das sie bis zum Alter von 22 Monaten durchgängig benutzte, also erstaunlich lange. Ließ sich diese lange Zeitspanne auf ihre Unfähigkeit, die gesprochenen Namen zu lernen, zurückführen? Weit gefehlt. Schon mit 18 Monaten bereiteten ihr Namen keinerlei Schwierigkeiten mehr. Innerhalb einer Woche lernte sie in diesem Alter die Namen von Ernie, Bert, Grobi, Oskar aus der Mülltonne und dem Grafen. Bezeichnenderweise fehlt das Krümelmonster in dieser Aufzählung. Warum wohl? Da Keesha für das Krümelmonster mittels einer Gebärde schon eine brauchbare Benennung hatte, beschloß sie offenbar aus Rentabilitätsgründen, ihre Bemühungen auf etwas anderes zu konzentrieren.

Babyzeichen zu verwenden, um statt dessen ihren gesprochenen Wortschatz zu erweitern, wie es Justin und Keesha getan haben, ist durchaus üblich, aber nicht die einzige Option. Wie wir feststellen konnten, ist eine zweite Strategie die, sich mittels Babyzeichen das Erlernen der Wörter, für die die Zeichen stehen, zu erleichtern – und diesen Prozeß gleichzeitig zu beschleunigen. Zum ersten Mal fiel uns ein solches Vorgehen auf, als der 10 Monate alte Bryce anfing, Babyzei-

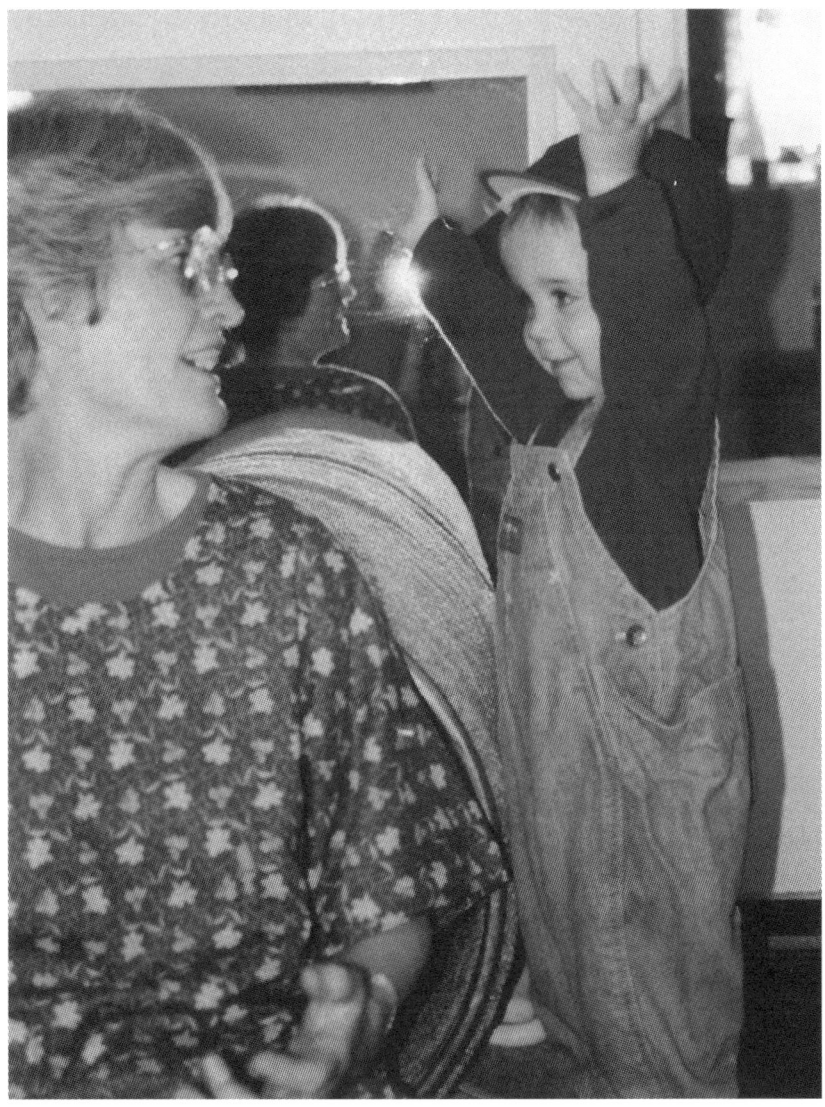

Hier muß man doch einfach lächeln. Der 14 Monate alte Turner erzählt ge-
rade vom großen Vogel «Bibo» in der «Sesamstraße».

chen zu lernen. Kaum meisterte er ein Zeichen, kam bald auch schon das Wort. Manchmal lag eine Woche dazwischen, manchmal waren es zwei oder drei, häufig war die Zeitspanne aber kürzer als erwartet. Dieses Muster traf nicht auf alle von Bryce' Babyzeichen zu, aber doch oft genug, um seine Mutter es erkennen zu lassen und uns darauf aufmerksam zu machen. Wie sie uns erzählte, wunderte sie sich darüber besonders, weil seine Schwester Cady, selbst eine erfahrene Babyzeichen-Benutzerin, *nicht* dazu geneigt hatte, die Zeichen in dieser Weise zu verwenden. Offensichtlich sind enge Verwandtschaft und dieselben Eltern keine Garantie dafür, daß sich die Babys einig sind, wie man am besten sprechen lernt!

Welche Logik verbirgt sich hinter Bryce' Strategie? Auf welche Weise genau hilft ein Zeichen dem Baby, das dahintersteckende Wort zu lernen? Wir können es natürlich nur vermuten, aber die Art, wie Menschen auf Babyzeichen reagieren, scheint ein wesentlicher Faktor zu sein. Wie Sie selbst bald merken werden, ist es praktisch unmöglich zu sehen, wie ein Baby sein Zeichen macht, ohne als Antwort das Wort auszusprechen. «Frosch! Ja, richtig, das ist ein Frosch!» Die Vorhersagbarkeit einer solchen Reaktion bringt es mit sich, daß ein Baby, das ein Zeichen lernt, eigentlich eine beträchtliche Kontrolle darüber ausübt, wie oft es das Wort zu hören bekommt. Je häufiger es das Zeichen benutzt, desto öfter wird das Wort wiederholt. Und je öfter das Wort wiederholt wird, desto mehr Gelegenheiten hat es, sich auf die Laute zu konzentrieren, die das Wort ausmachen. Ist das Klangmuster erst einmal analysiert, ist der Sprung zum Aussprechen des Wortes viel leichter.

Einige Babys scheinen eine große Vorliebe für die eine oder andere der beiden Möglichkeiten zur Verwendung von Babyzeichen zu haben (entweder als Ergänzung zum vorhandenen gesprochenen Wortschatz oder um sich speziell auf die Wörter konzentrieren zu können, die sie lernen wollen), typischer ist es aber, die Zeichen für beide Zwecke zu verwenden. Auch das ist ein Grund, weshalb es unmöglich

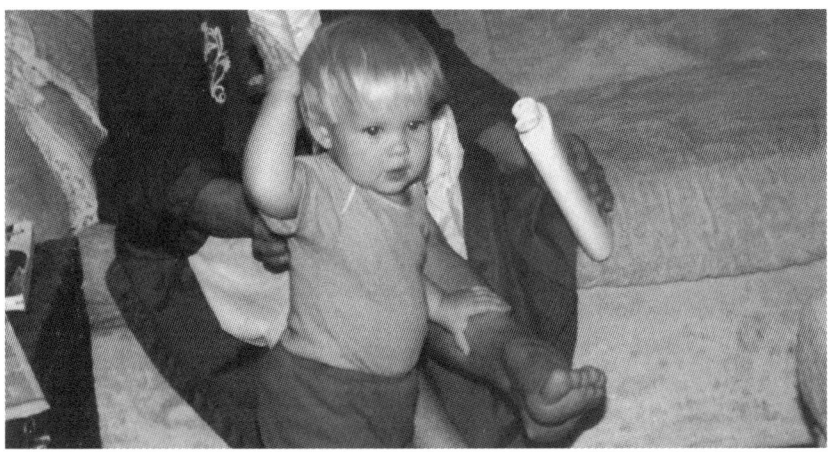

Die 14 Monate alte Cady (oben) ist überrascht, als ihre Großmutter den Raum mit einem um den Kopf gewickelten Tuch betritt. Ihre Schlußfolgerung: Oma muß einen neuen Hut bekommen haben. Unten schaut die nun sechs Jahre alte Cady weiter zum Fernseher, während ihr kleiner Bruder Bryce seine Hand-ausstrecken-Geste macht, um den Zeichentrickfilm über ein Flugzeug zu kommentieren, der zu beider Freude gerade läuft. Mit großem Vergnügen half Cady dabei, Bryce vielerlei Babyzeichen beizubringen.

ist vorherzusagen, wie lange ein Babyzeichen in Gebrauch bleibt. Es kommt halt ganz darauf an ...

Wenn Sie also die Fortschritte Ihres Kindes mit den Zeichen und Wörtern verfolgen, behalten Sie diese Strategien im Hinterkopf. Sie werden sehen, welchen Spaß es macht herauszufinden, warum Ihr Baby gerade das eine tut und das andere läßt. Das Wissen um diese unterschiedlichen Vorgehensweisen wird Ihnen helfen, die Denkprozesse, die unter der Oberfläche ablaufen, zu würdigen. Es mag so aussehen, als ob hinter dem, was die Babys tun, kein System steckt – dem ist aber oft nicht so. Und wir können nur wiederholen, daß es gerade die Babyzeichen sind, die es Ihnen ermöglichen, einen Einblick in die Gedankenwelt Ihres Babys zu gewinnen.

Vorbei, aber nicht vergessen

Wir wollen nun zur letzten Phase des Übergangs zum Sprechen kommen, dem Punkt, an dem sich das Wort richtig festsetzt. Auch nachdem Ihr Kind das Wort hinter dem Zeichen sicher beherrscht, kann es gut sein, daß es das Zeichen noch parat hat, um es unter besonderen Umständen noch einmal zu benutzen. Denken Sie an Ihren eigenen Gebrauch von Gesten. Haben Sie vollkommen aufgehört zu winken, nur weil Ihnen das Wort geläufig ist? Nein, doch nicht. Genau wie unsere Babyzeichen-Babys wissen Sie ganz automatisch, wann sich eine Geste *besser* als das Wort (oder mit ihm zusammen) eignet. Folgende Situationen haben unsere Babyzeichen-Benutzer veranlaßt, ihre Zeichen wieder zu aktivieren. Gut möglich, daß Sie dieser Liste noch weitere Beispiele hinzufügen können:

Zur Erläuterung einer Mitteilung – Sie brauchen nur nach Frankreich zu reisen, ohne fließend französisch zu sprechen, und schon werden Sie deutlich spüren, wie nützlich Gesten wie das Winken sein können. Kleinkinder stehen diesem Dilemma tagtäglich gegenüber.

Zu lernen, wie man Wörter deutlich genug ausspricht, damit Erwachsene sie auch verstehen können, stellt für sie eine schwierige Aufgabe dar. Das Kind mag wohl wissen, daß «mßi» *Muschi*, Kätzchen, heißt oder «feß» *Fläschchen*, das bedeutet aber nicht, daß andere das auch wissen. Wir waren erstaunt und erfreut zugleich, wie die Babyzeichen-Kinder spontan ihre Zeichen zur Erläuterung benutzten, wenn sie von jemandem einen verständnislosen Blick ernteten. Und es klappt! «Aha! Fa fa heißt *Affe!* Soso!» Ähnlich verwendete die schon oben erwähnte Megan ihr Babyzeichen, damit ihr Wort für *Zahnbürste* klar wurde.

Beim Kauen – Ein voller Mund ist für eine verständliche Sprechweise wahrlich ein Hindernis. Sicherlich können Sie sich noch an Situationen erinnern, wo Ihnen jemand just in dem Moment eine Frage stellte, als Sie sich gerade ein Stück Kuchen in den Mund geschoben hatten. Sofort treten Hände und Schultern in Aktion und signalisieren «Weiß ich nicht». Mit der Gebärde haben Sie sich aus der Affäre gezogen. In genau derselben Weise verwenden unsere kleinen Babyzeichen-Benutzer ihre Zeichen. Max beispielsweise hatte seinen Mund noch voller Kekse, als seine Erzieherin in der Kindertagesstätte mit der Keksschachtel vorbeikam. Damit sie ja nicht vorüberging, ohne daß er noch zu einer zweiten Portion kam, ließ Max seinen Mund ganz außer acht und aktivierte wieder sein Babyzeichen für *mehr*. Er sagte das Wort *mehr* zwar schon seit etlichen Wochen, konnte aber im Bedarfsfall noch auf das Zeichen zurückgreifen.

Zur Bekräftigung – Haben Sie jemals «Gaaanz böse!» gesagt und Ihrem Hund gleichzeitig energisch mit dem Zeigefinger gedroht oder «Raus!» gerufen, während Ihre Hand mit dem gestreckten Daumen über Ihre Schulter zeigte? Es gibt eben Fälle, da genügen Worte allein einfach nicht. Babys empfinden offenbar genauso. Nehmen wir nur die 20 Monate alte Karen. Sie hatte ihr Glas mit Apfelsaft ausgetrunken und rief ihrer Mutter von der Küche aus die Worte zu: «Meh Saff!», *mehr Saft*, mehr zu trinken. Ihre Mutter, die gerade telefonierte, kümmerte sich nicht weiter darum. Was machte Karen? Sie baute sich direkt vor ihr auf und wiederholte ganz laut: «Meh Saff! Meh Saff! Meh Saff!», wobei sie jedem Ausruf noch Nachdruck verlieh, indem sie ihr altes Babyzeichen für *mehr* verwendete. Es bereitete ihr sichtlich Vergnügen, mit ihrem rechten Zeigefinger kräftig in die linke Handfläche zu tippen, als ob sie sagen wollte: «... und zwar dalli!» Eine derartige spontane Zuflucht zu Gesten scheint Babys wie Erwachsenen gleichermaßen eigen zu sein.

Wenn Worte nicht zu hören sind (oder nicht gehört werden sollen) – Obwohl Wörter den Vorteil haben, daß man sie laut schreien kann, ist der Lärmpegel manchmal einfach zu hoch, um ihn selbst mit Brüllen noch übertönen zu können. Gesten kommen dann gerade recht. Wir haben von Babys gehört, die aus diesem Grund beim Football-Spiel, im Zirkus oder in der Ladenpassage ihre alten Zeichen wieder aufleben ließen. Auch die gegenteilige Situation, in der Ruhe angesagt ist und Sprechen sich nicht gehört, hat Kleinkinder animiert, Wörter, die sie schon längst beherrschten, durch alte Zeichen zu ersetzen. Der 20 Monate alte James, der über einen beeindruckenden Wortschatz verfügte, entdeckte die Nützlichkeit einiger Babyzeichen in der Kirche wieder. Ein anderer Steppke, der mit seiner noch studierenden Mutter häufig die Universitätsbibliothek aufsuchte, verwendete ganz automatisch das Babyzeichen für *Buch*, obwohl er das Wort seit Wochen konnte.

Trotz ihrer Brauchbarkeit in derlei Situationen kommt einmal die Zeit, da die Babyzeichen tatsächlich vergessen sind. Fragen Sie einen Vierjährigen, was sein Zeichen für *Nilpferd* war, aller Wahrscheinlichkeit nach wird er keine Ahnung mehr haben. Entspricht das Babyzeichen allerdings einer Geste, die auch noch bei Erwachsenen üblich ist, wie das Achselzucken für *Ich weiß nicht*, dann geht das Zeichen vielleicht nicht verloren.

Es gibt noch einen weiteren Grund, weswegen ältere Kinder ihre

Babyzeichen manchmal noch im Gedächtnis behalten. Zu unserer Freude haben uns viele Familien berichtet, daß die Geburt eines kleinen Brüderchens oder Schwesterchens die Begeisterung der älteren Geschwister für die Zeichen wachhält. Niemand kann der Gelegenheit widerstehen, sich mit den Eltern zusammenzutun, um dem neuen Baby beizubringen, wie man kommuniziert – denn Babyzeichen machen ja von Natur aus jedem Spaß.

Kapitel 8

Eltern fragen,
wir antworten

Obwohl Sie jetzt wissen, was Babyzeichen sind, wie leicht sie sich in Ihren Tagesablauf integrieren lassen und welche Vorteile sie Ihnen und Ihrem Kind bringen können, haben Sie vielleicht doch noch einige Fragen. Das überrascht uns nicht, denn den Eltern, die unsere Kurse besucht und an unseren Forschungsprojekten teilgenommen haben, ging es ebenso. Im Laufe der Jahre hat sich gezeigt, daß die Fragen, die die Eltern am Ende unserer Einführungen in die Babyzeichen stellten, meist einige Bedenken von allgemeinem Interesse widerspiegelten. Aus diesem Grund haben wir diesen häufig wiederkehrenden Fragen (F) und ihrer Beantwortung (A) ein eigenes Kapitel gewidmet. Womöglich ist Ihnen bei der gedanklichen Beschäftigung mit den Babyzeichen und Ihrem eigenen Baby auch schon die eine oder andere der hier gestellten Fragen durch den Kopf gegangen.

F: *Ich möchte mit meinem Sohn furchtbar gerne Babyzeichen verwenden, aber er ist erst drei Monate alt. Wann kann ich frühestens damit anfangen, sie ihm beizubringen?*

A: Es gibt kein spezielles Alter, von dem man sagen kann, daß genau dann alle Babys dafür bereit sind. Der Zeitpunkt, zu dem Eltern damit beginnen sollten, ist von Baby zu Baby verschieden. Allerdings können wir aufgrund dessen, was wir von den Babyzeichen-Anwendern während unserer Studien erfahren haben, einige generelle Richtlinien,

*Cadys Eltern begannen, ihr Babyzeichen vorzumachen, als diese gerade sie-
ben Monate alt war. Einen Monat später belohnte sie ihre Bemühungen und
verwendete sie auch selber. Hier ist sie neun Monate alt und benutzt gerade ihr
Frosch-Zeichen (die Zunge reinziehen und rausstrecken), um einen Spiel-
zeugfrosch auf dem Tisch zu benennen.*

das Alter betreffend, nennen. Zunächst einmal können wir Ihnen versichern, daß Ihr Sohn mit drei Monaten noch zu klein ist. Er hat das Sprachpuzzle jetzt noch nicht weit genug vorangetrieben, um dem Babyzeichen-Teil seinen Platz zuweisen zu können. Wir wissen aber auch, daß es Babys gibt, die die Zeichen schon mit acht Monaten erfolgreich anzuwenden verstehen. Statt sich auf das Alter Ihres Kindes zu konzentrieren, sollten Sie lieber beobachten, ob es in seinem Verhalten die prinzipielle Bereitschaft dazu erkennen läßt. Wir haben dies in Kapitel 3, «Wie fängt man an?», erörtert.

Der Zeitpunkt, damit anzufangen, richtet sich danach, wann Ihr Kind Interesse bekundet, sich über die Dinge, die es um sich herum wahrnimmt, auszutauschen. Das merkt man zum Beispiel daran, ob es auf diese Dinge zeigt. Aber ebenso, wie es nicht schlimm ist, mit Ihrem Sohn zu sprechen, solange er selbst noch nicht sprechen kann, wird er auch von Ihrer Verwendung der Babyzeichen sicherlich keinen Schaden davontragen, solange er selbst noch nicht soweit ist – sofern Sie bereit sind, Geduld zu haben. Sie können auch getrost damit anfangen, wenn *Sie* sich dazu bereit fühlen. Beginnen Sie mit nur ganz wenigen Zeichen, und bedenken Sie, daß die ersten Zeichen bei allen Kindern die längste Zeit benötigen. Stellen Sie sich darauf ein zu warten, für den Fall, daß Ihr Kind etwas länger brauchen sollte, bis der Groschen fällt – auch Sie werden bald in den Genuß der Zeichen kommen.

F: *Ich habe meinem Kind ein Zeichen für Hut beigebracht, das es nun schon seit einigen Wochen benutzt. Muß ich das Zeichen jetzt noch selbst verwenden, wo es sich doch nun daran gewöhnt hat?*

A: Nein. Hat sich ein bestimmtes Zeichen erst einmal etabliert und benutzt Ihr Baby es regelmäßig, brauchen Sie es selbst nicht länger vorzumachen. Sie werden feststellen, daß Sie ganz selbstverständlich das Wort ohne das Zeichen benutzen werden, sobald es Ihrem Kind geläufig ist. Sieht Ihr Kind einen Hut und gebraucht es das Zeichen für

Hut, dann können sie es wissen lassen, daß Sie verstehen, worüber es spricht, indem Sie sagen: «Oh, du siehst einen Hut?» Das Wort allein reicht vollkommen aus, um Ihrem Kind klarzumachen, daß Sie verstanden haben, was es erzählen wollte.

Weil es aber so einfach ist, Babyzeichen zusammen mit Wörtern zu gebrauchen, ist es natürlich auch in Ordnung, wenn Sie, nachdem Ihr Kind es begriffen hat, noch etwas länger fortfahren, das Zeichen zu verwenden. Ein solches Vorgehen bringt manchmal ganz unerwartete Vorteile mit sich. Einige Eltern haben uns berichtet, wie die Benutzung der Zeichen für sie derart selbstverständlich wurde, daß sie sich dabei ertappten, wie sie spontan zwei oder drei Zeichen miteinander kombinierten und ihrem Kind auf diese Weise völlig unabsichtlich eine neue Lernerfahrung präsentierten.

> *Mit 16 Monaten machte Jasmine das Enten-Zeichen, als sie und ihr Vater Peter ins Kinderzimmer gingen, um mit dem Zubettgeh-Ritual anzufangen. Ohne recht zu wissen, was er tat, sagte Peter: «Welche Ente?» und machte gleichzeitig beide Zeichen (für Welche/Was? die Hände mit den Innenflächen nach oben ausstrecken; für Ente die Quak-Bewegung, Finger zum Daumen hin zusammendrücken und wieder öffnen). Darauf antwortete Jasmine ebenfalls mit einer Kombination aus zwei Zeichen: «Ente – Buch», worauf Peter mit den Worten antwortete: «Ach, du möchtest heute abend das Buch über Enten anschauen?» Erst jetzt fiel ihm auf, daß er, ohne nachzudenken, zwei Zeichen zusammen benutzt hatte. Noch wichtiger ist, daß ihm bewußt wurde: Jasmine hatte zum ersten Mal einen einfachen Satz zustande gebracht.*

Sobald Ihrem Baby ein Zeichen geläufig ist, brauchen Sie selbst es nicht mehr zu benutzen, aber es ist auch nicht zwingend notwendig, damit aufzuhören.

Hier demonstriert die 13 Monate alte Carolyn die einfache Geste für Hut, die sich als besonders beliebt erwiesen hat.

F: *Wenn mein Kind lernt, das, was es haben möchte, auch ohne Worte zu bekommen, wird es daraus nicht entnehmen, daß es gar nicht zu sprechen braucht?*

A: Wie wir in Kapitel 7 betont haben, werden auch Babyzeichen-Babys durch vielerlei Kräfte von gesprochenen Wörtern angezogen. Von all diesen Anreizen ist der entscheidende möglicherweise die Tatsache, daß Babys Sprache vornehmlich lernen, um mit anderen Menschen in Verbindung zu treten, damit ihren Bedürfnissen Genüge getan wird. Durch die Benutzung von Wörtern zur Benennung von Dingen und um nach ihnen zu fragen, werden die Kinder zu aktiven Gesprächspartnern und knüpfen enge Bande mit anderen Menschen. Babyzeichen sind weit davon entfernt, diesem Prozeß in die Quere zu kommen, sie schlagen vielmehr eine Brücke, die den Übergang von gar keiner zur voll ausgebildeten Sprache herstellt.

Statt hilflos herumzusitzen und zu warten, bis sie Wörter aussprechen können, stürzen sich Babyzeichen-Babys gleich mitten in die menschliche Kommunikation. Sie fangen an, die sozialen Regeln der Konversation zu lernen, und erfahren früh, wieviel Spaß es bringen kann, miteinander zu reden. Kurz, die Benutzung von Babyzeichen unterdrückt die Motivation des Kindes zu sprechen keineswegs. Im Gegenteil, sie läßt die Kinder sogar noch heftiger nach der Beherrschung der Wörter verlangen, die sie dann befähigen, ihr soziales Netz weiter zu spannen.

F: *Wenn ich anfange, die Zeichen anzuwenden, bedeutet das nicht, daß ich dann weniger mit meinem Kind rede?*

A: Nein, in Wirklichkeit wird genau das Gegenteil eintreten. Wie wir in vorangegangenen Kapiteln dargelegt haben, werden Sie sich, wenn Sie die Zeichen in Ihre Beschäftigung miteinander aufnehmen, sogar *mehr* mit Ihrem Kind unterhalten als zuvor. Erinnern Sie sich nur an

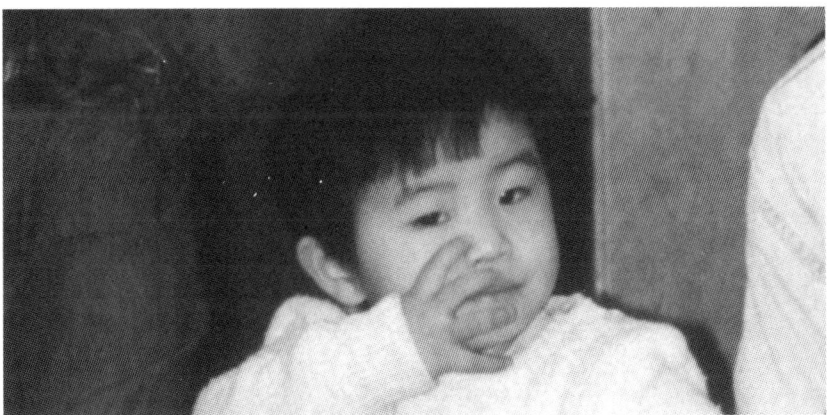

Genau wie die ersten Wörter hat bei den Babys auch ein Zeichen oft nicht die gleiche Form wie die Erwachsenenversion. Um die Schnurrbarthaare einer Katze anzudeuten, legten die Mitarbeiter in einer Kinderkrippe zwei Finger auf die Backen, das hieß Muschikatze; beide Fäuste unter den Augen sollte traurig bedeuten. Dieses Kind (oben) probiert das Zeichen für Muschikatze, indem es sich mit den Fingern über den Mund streicht.

Hier führt ein 16 Monate altes Kind derselben Gruppe (unten) seine Version von traurig vor (beide Fäuste an die Nase).

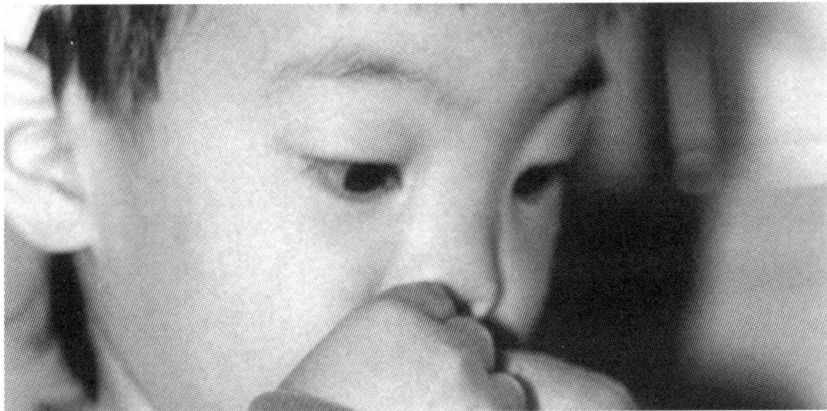

unsere Formulierung, daß Babyzeichen-Kinder «in Worten schwimmen».

Dafür gibt es mehrere Gründe. Sie benutzen die Wörter ja nicht nur zusammen mit den Zeichen, wenn Sie diese vormachen, sondern sobald Ihr Kind die Zeichen richtig beherrscht, werden Sie auch auf seine eigenen Versuche, eine Unterhaltung in Gang zu bringen, reagieren. Beginnt Ihr Baby während eines Spaziergangs durch den Park zu «schnuppern» und sieht es Sie dabei an, werden Sie höchstwahrscheinlich antworten: «Oh ja, das sind *wirklich* hübsche Blumen.» Steigt es in die Wanne und beginnt wiederholt zu blasen, werden Sie es schleunigst herausheben und sich darüber auslassen, wie heiß das Wasser sei und wie sehr es Ihnen leid tue, dies nicht von alleine bemerkt zu haben.

Allen diesen Vorkommnissen ist gemeinsam, daß es Ihr *Kind* ist, das versucht, Ihre Aufmerksamkeit auf Dinge zu lenken, über die es *selber* gerne sprechen möchte. Das ist eine aufregende Veränderung, und wie die meisten Eltern werden Sie nicht umhinkönnen, das Gespräch fortzusetzen. Und gehen Sie auf seine Bemühungen ein, so enthalten die Informationen, mit denen Sie es versorgen, eine Menge Sprechmuster und Beispiele zur Satzbildung. Auch wenn Ihr Kind sich dazu entschließen sollte, ein Zeichen eine ganze Weile zu benutzen, weil ein bestimmtes Wort zu schwer auszusprechen ist, so lernt es mit Sicherheit, wie dieses Wort klingt. Dann fällt es ihm leichter, das Wort zu gebrauchen, sobald es dazu in der Lage ist.

Gehen Sie auf die von ihm angeknüpften Unterhaltungen ein, werden Sie gleichzeitig feststellen, daß Sie selbst mit einer viel größeren Begeisterung nach Dingen Ausschau halten, über die man sprechen könnte. Daraus resultiert wiederum, daß Sie ihm eine Menge «Anhörungsmaterial» für sein eigentliches Ziel – Wörter und Sätze – liefern. Nachdem uns aufgefallen war, daß die Eltern, die ihren Kindern im Rahmen unseres Forschungsvorhabens Babyzeichen beibrachten, sich auch mehr mit ihnen unterhielten, wunderten wir uns auch nicht

Kekse sind bei allen kleinen Kindern beliebt, auch bei Emma. Wie die anderen von den Erzieherinnen eingeführten Babyzeichen trug auch diese Gebärde für Kekse (Zeigefinger und Daumen zusammenführen) dazu bei, die Frustrationsschwelle niedrig zu halten.

mehr darüber, daß diese Kinder besser mit der Sprache zurechtkamen als die anderen und auch schneller Wörter hervorbringen konnten.

F: *Als Zeichen für* mehr *tippe ich meine beiden Zeigefinger gegeneinander, aber mein Sohn schlägt noch immer seine beiden Fäuste zusammen. Er scheint keine Anstalten zu machen, auf die Finger umsteigen zu wollen. Was soll ich machen?*

A: Viele Eltern haben ähnliche Bedenken geäußert. Wir raten, das Kind für das, *was* es tut, immer wieder tüchtig zu loben. Denn wohlgemerkt: Ziel der Babyzeichen ist, Sie bei Ihrer gegenseitigen Verständigung zu unterstützen, und nicht, Ihrem Kind eine ganz bestimmte Reihe von Bewegungen beizubringen. Das Schöne an den Babyzeichen ist im Grunde, daß ein Zeichen aus einer x-beliebigen Geste bestehen kann, sofern es nur seinen Zweck erfüllt.

Eine Mutter erzählte uns von ihrem Sohn Oshi, der sich als Zeichen für *Katze* mit seinen gespreizten Fingern über den Mund fuhr, obwohl das von ihr vorgemachte Zeichen darin bestand, sich in Andeutung der Schnurrbarthaare mit zwei Fingern über die Backen zu streichen. Oshis Version ähnelte bloß der ihren, was aber nicht hieß, daß sie ihn nicht verstand. Vergleichbares passiert auch mit Wörtern. Babys erste Wörter klingen oft ganz anders als die Erwachsenenwörter. Die Kinder geben ihr Bestes, aber mit der deutlichen Aussprache der Sprachlaute hapert es noch. Trotz der Unvollkommenheit dieser Versuche kommt von den Eltern viel Lob und Ermutigung. Sagt ein Baby «Wawa» oder «Nana», antworten die Eltern begeistert: «Ganz richtig, das ist ein Wauwau!» oder «Ach, du möchtest eine Banane?»

Kommen die Zeichen, wie Ihr Baby sie macht, denen, die Sie ihm vorgemacht haben, auch nur nahe, ist das okay. Achten Sie genau darauf, was es Ihnen zu sagen versucht, und lassen Sie es wissen, daß Sie es verstehen und von seiner Leistung begeistert sind. Es kommt wirklich nicht darauf an, wie die Geste letztlich aussieht. Solange Sie beide wissen, was der andere «sagen» will, hat das Zeichen seinen Zweck erfüllt.

F: *Mein Mann und ich arbeiten beide Vollzeit, und unsere Tochter wird in einer Kindertagesstätte betreut. Da wir den ganzen Tag über nicht mit ihr zusammen sind, wird es mit den Babyzeichen bei uns wohl nichts werden, oder?*

A: Falsch! Gleich vielen voll berufstätigen Eltern glauben Sie, von den Zeichen nicht profitieren zu können, weil Sie einen Großteil des Tages nicht gemeinsam mit Ihrem Kind verbringen. Halten Sie sich aber vor Augen, daß Sie einen beträchtlichen Teil seiner wachen Stunden auch mit ihm *zusammen* sind, insbesondere an den Wochenenden. Was gibt es da Besseres, als diese Zeit durch gemeinsame «Zwiegespräche» zu bereichern?

Um Babyzeichen zu benutzen, ist keine zusätzliche Zeit erforderlich. Die Zeichen lassen sich in das einflechten, was Sie sowieso gerade tun. Babyzeichen eignen sich wunderbar für die allmorgendlichen Anzieh- und Essensrituale. Und denken Sie nur an die vielen Dinge, die Sie auf Ihrer Fahrt zur Tagesmutter sehen, Dinge, über die Sie sich sogar mit einer Hand am Steuer «unterhalten» können. (Wenn Sie sich einen dieser Spezialspiegel fürs Armaturenbrett besorgen, erleichtert das die Sache noch. Mit einem solchen Spiegel können Sie nicht nur Ihr Kind auf dem Rücksitz im Auge behalten, sondern auch die Dinge würdigen, auf die es *Sie* mittels Babyzeichen während der Fahrt aufmerksam machen will!) Und wenn Sie dann am Abend beide müde sind, kann man die Zeichen erst recht gebrauchen. Das ist nämlich gerade die Zeit, in der es am ehesten zu Frustrationen kommt. Babyzeichen stellen die Bedürfnisse Ihres Kindes klar und helfen somit, die alltäglichen Verrichtungen zur Essens-, Bade- und Schlafenszeit glatter über die Bühne gehen zu lassen. Diese ausgesprochen hektischen Phasen bringen dann mehr Spaß!

Noch eine andere Sache ist zu bedenken. Falls Ihr Kind den Tag mit einem Babysitter oder in der Kindertagesstätte verbringt, ist dies kein Grund, die dortigen Betreuer aus Ihrem Kreis der Babyzeichen-Benutzer auszuschließen. Lassen Sie sie wissen, für wie wichtig Sie es halten, daß sich Ihre Tochter mit den Menschen, mit denen sie zusammenkommt, in ihrer gewohnten Weise verständigen kann. Erzählen Sie ihnen, was Babyzeichen sind und wie sie Ihrer Tochter helfen, ihre Bedürfnisse, Gefühle und Interessen kundzutun. Noch besser ist es, sie dieses Buch lesen zu lassen. Unserer Erfahrung nach ist das dortige Personal genauso begeistert von den Zeichen wie die Eltern. Leiterinnen von Kindertagesstätten bitten uns zudem oft, einen Babyzeichen-Kurs für ihre Angestellten und die Eltern abzuhalten. Sie haben erkannt, daß die Arbeit mit den Zeichen die Betreuer gegenüber den geringsten Entwicklungsschritten der Kinder aufgeschlossener und empfänglicher macht.

Denken Sie daran, Babyzeichen sind das Fenster zur Gedankenwelt Ihres Kindes, durch das *jeder* einen Blick werfen kann! Informieren Sie also die Betreuer Ihrer Tochter, welche Zeichen Sie benutzen, und halten Sie sie über die Fortschritte auf dem laufenden. Ermutigen Sie sie, Babyzeichen zu erfinden, die sich in ihre tägliche Routine einfügen, und Sie dann darüber zu unterrichten, was während des Tages passiert ist. Die meisten Eltern freuen sich, wenn sie herausfinden, daß die Betreuer gerne mit ihnen über ihr Kind sprechen und in etwas derart Besonderes einbezogen werden. Sind Sie also beide berufstätig, versuchen Sie es einmal mit den Zeichen. Sie werden über die Ergebnisse erfreut sein.

F: *Ich bin alleinerziehende Mutter. Sie sagen, daß es gut ist, wenn auch andere Personen dem Kind Zeichen beibringen, aber ist das absolut notwendig?*

A: Wie wir früher schon beschrieben haben, kann jeder, der mit Ihrem Baby regelmäßig zusammen ist, mitmachen: Freunde, die häufig zu Besuch kommen, Babysitter, sogar ältere Kinder aus der Nachbarschaft. Merken Sie sich jedoch: So schön es ist, wenn auch andere mit einbezogen werden, Babyzeichen brauchen *keine reine* «Familienangelegenheit» zu sein. Viele alleinerziehende Elternteile haben uns geschildert, in welcher Weise die Zeichen ihre Beziehung zu ihrem Kind bereichert haben. Hören Sie nur, was diese alleinerziehende Mutter berichtet:

> *Jake und ich verbringen nur wenig Zeit miteinander, und wenn das Baby so klein ist, kann es sich manchmal ganz schön einsam fühlen. Deshalb konnte ich es schon gleich nach seiner Geburt kaum abwarten, bis er zu sprechen anfing. Nach dem Besuch des Babyzeichen-Kurses, damals war Jake zehn Monate alt, kam mir zum Bewußtsein, daß ich, um mich mit ihm zu «unterhalten», nicht zu warten brauchte, bis er ein Gespräch in Worten führen konnte. Ich begann sofort, die Zeichen einzuführen, und er begriff es ziemlich schnell. Innerhalb von drei Wochen hatte er sich etliche Zeichen angeeignet, viele weitere folgten. Es war toll, mit anzusehen, wie er sich freute, mir über Flugzeuge, Blumen, Hunde und Katzen zu «erzählen», und wie er mich voller Vertrauen wissen lassen konnte, wann er «mehr» Kräcker, Saft oder Milch wollte.*

Wenn nur Sie und Ihr Baby die Zeichen benutzen, so ist das auch völlig in Ordnung. Die Verwendung der Babyzeichen kann dazu beitragen, zwischen Ihnen beiden ein besonderes Band zu knüpfen. Entdeckt Ihr Kind, daß es mit Ihnen «sprechen» kann und auch verstanden wird, gibt es weniger Frustrationen für Sie beide, und es bleibt mehr Zeit und Energie für die positiven Seiten des Zusammenlebens, die Nähe und Freude in jede Beziehung bringen.

F: *Während der ganzen letzten zwei Monate habe ich Babyzeichen angewendet, und noch immer deutet nichts darauf hin, daß mein 14 Monate alter*

*Sohn über irgendwelchen Zeichen oder Wörtern brütet. Das Baby meiner
Schwester ist erst zwölf Monate alt und kann schon sechs Babyzeichen und
vier Wörter. Was bedeutet das in bezug auf die Entwicklung meines Babys?*

A: Gar nichts. Bei Ihrem Sohn hat eben anderes Vorrang. Denken Sie
daran, jedes Baby ist ein einzigartiges Geschöpf mit eigenen Interessen, Motiven und Zeitplänen. Was das Alter anbetrifft, in dem das erste Babyzeichen und das erste Wort erlernt werden, sowie die Geschwindigkeit, in der neue Gesten und Wörter hinzukommen, stießen
wir im Laufe unserer Forschungen eigentlich fast immer auf individuelle Unterschiede.

Aaron beispielsweise begann sowohl Zeichen als auch Wörter zu
benutzen, noch bevor er ein Jahr alt war, und im Jahr darauf eignete er
sich ein umfangreiches Vokabular von beidem an, von Zeichen und
Wörtern. Dieses Muster ist typisch für diejenigen Kinder, die ihre Babyzeichen während des ersten Jahres als Ergänzung zu den Wörtern
begreifen.

Bei Carrie verlief die Entwicklung ganz anders. Auch sie gebrauchte schon sehr früh Babyzeichen, brachte aber vor dem 15. Monat kein einziges Wort hervor. Weil sie mit elf Monaten eine Menge Babyzeichen lernte und diese häufig benutzte, war auch sie in der Lage,
genau wie Aaron, über Dinge zu «reden», die sie für wichtig hielt.

Bei A. J. («Ey Dschey») nahm die Entwicklung wiederum einen
anderen Verlauf. Er benutzte sein erstes Zeichen mit etwa zwölf Monaten. Zwei Tage später folgte sein erstes Wort. Obwohl er weitere
Babyzeichen lernte, mittels deren er sich über Sachen unterhalten
konnte, für die er kein Wort hatte, war klar, daß bei ihm von Anfang
an fast alles über das gesprochene Wort lief. A. J. dienten die Babyzeichen lediglich als Lückenbüßer, bis seine Kenntnisse der gesprochenen Sprache seinen Kommunikationsbedarf vollkommen abdeckten.

In Hannahs Entwicklung zeichnete sich ein viertes Muster ab, bei
dem sich sowohl Babyzeichen als auch Wörter langsamer herausbilde-

Um dieses Bild von dem 16 Monate alten Brandon aufnehmen zu können, fragte ihn sein Vater, welches Tier sie denn im Zoo gesehen hätten, das unter Wasser schwimme; woraufhin Brandon sein Nilpferd-Zeichen machte.

ten. Wie manche Babys schien Hannah eher darauf erpicht zu sein, ihre Energien in andere Betätigungen zu stecken: Sie wollte lernen, wie man das Klettergerüst besteigt, und mit ihren Brüdern Verstecken spielen. Erst um den 15. und 16. Monat herum begann sie, Babyzeichen und Wörter zu gebrauchen, und auch dann machte sie, als sie anfing «zu sprechen», nur langsame Fortschritte. Sie brachte es während der nächsten zehn Monate auf nur zehn Wörter. Immerhin lernte sie in derselben Zeit sieben Babyzeichen. Obwohl Hannahs gesprochener Wortschatz ein wenig kleiner war, als es sonst bei Kindern ihres Alters der Fall ist, überstieg die Anzahl ihrer Zeichen die der ihr zur Verfügung stehenden Sprechsymbole um nahezu das Doppelte.

Was lernen wir daraus? Daß es am wichtigsten ist, sich in Geduld zu üben und auf die besonderen Vorlieben und entwicklungsbedingten Prioritäten Ihres Babys zu achten.

F: *Wenn mein Kind Babyzeichen benutzt, werden andere Personen dann nicht Schwierigkeiten haben, es zu verstehen?*

A: Ja, es wird schon so sein, daß Personen, die keine Zeit mit Ihrem Kind verbringen, einige seiner Zeichen nicht verstehen werden. Mit den ersten Wörtern eines Babys ist es genauso. Für die Eltern sind die ersten unbeholfenen Versuche meist sonnenklar, während Fremde Schwierigkeiten haben, sie zu verstehen. In solchen Fällen übernehmen die Eltern für ihr Baby ganz automatisch die Rolle des Dolmetschers gegenüber den anderen. Babyzeichen sind auf jeden Fall leichter zu verstehen als die ersten Wörter, denn viele der Zeichen, die Sie benutzen werden, sehen den Dingen, für die sie stehen, irgendwie ähnlich. So nehmen beispielsweise viele Eltern für *Vogel* ein Zeichen, das aussieht, als ob ein Vogel mit seinen Flügeln schlägt. Stellen Sie sich ein Kind im Park vor, das Vögel beobachtet und dabei mit seinen Ärmchen schlägt. In einer solchen Situation ist es ganz leicht zu erraten, was im Kopf des Kindes vorgeht. Ähnlich ist es mit dem fragen-

Selbst bei Kleinkindern, die an einem umfangreichen Repertoire von Babyzeichen kein Interesse zeigen, gehört das Zeichen für mehr *zu den wenigen auserwählten. Vielleicht liegt das an der engen Beziehung, die dieses Wort zu einer ihrer Lieblingsbeschäftigungen hat:* essen.

den Blick und der Faust am Ohr, wenn das Telefon klingelt, dieses als Symbol für *Telefon* zu identifizieren dürfte kaum jemandem schwerfallen.

Außerdem sollte man bedenken, daß es nur wenige Personen gibt, mit denen Kinder in diesem frühen Alter zu tun haben: Familienmitglieder und Betreuer. Nur sie sind es, mit denen sich Ihr Baby «unterhalten» möchte. In neun von zehn Fällen werden es genau jene sein, die auch mit dem Kind zusammen die Zeichen gelernt haben.

F: *Meine Frau und ich haben mit Liedern und Spielen nichts am Hut. Müssen wir die benutzen, um neue Zeichen einzuführen?*

A: Durchaus nicht. Auch wenn es manchen Eltern Spaß macht, sich der Lieder, Reime und Spielchen zu bedienen, ist ihr Gebrauch zum Erlernen der Zeichen auf keinen Fall notwendig. Es bieten sich Ihnen noch viele andere Möglichkeiten, Ihrem Baby Zeichen beizubringen: Vorlesen, Zoobesuche, Mahlzeiten und das tägliche Bad. Eigentlich birgt jede Interaktion zwischen Ihnen und Ihrem Kind die Möglichkeit zum Vormachen eines Zeichens in sich. Babyzeichen im Alltag zu gebrauchen ist nicht nur besonders effektiv, sondern auch sehr wichtig. Es verdeutlicht Ihrem Kind, daß Zeichen nicht nur an Lieder und Spiele gebunden sind, sondern sich auch dafür eignen, über alle möglichen realen Dinge des Lebens zu «sprechen». Haben Sie erst einmal angefangen, Babyzeichen zu verwenden, werden Sie erstaunt sein, wie leicht sie sich in Ihre tägliche Routine einbauen lassen. Schon bald werden Sie sie verwenden, ohne sich dessen bewußt zu sein.

Kapitel 9

Zeichenvorschläge

Die folgenden Babyzeichen wurden von Familien verwendet, mit denen wir in der Vergangenheit gearbeitet haben. Eltern und Kinder haben sie erfunden, um mit ihrer Hilfe über Dinge «sprechen» zu können, die sie im Alltag für interessant und wichtig hielten.

Diese Zeichen bieten Ihnen und Ihrem Kind eine Vielzahl von Kommunikationsmöglichkeiten. Denken Sie aber daran, daß es sich hier nur um Vorschläge handelt. Kreieren Sie selber Zeichen, und achten Sie darauf, ob Ihr Baby nicht auch von alleine welche hervorbringt. Vergessen Sie dabei nicht, daß die Ausführung jedes einzelnen Zeichens beliebig variiert werden kann, je nachdem, wie es Ihrem Baby am besten gefällt. Denken Sie daran, daß es die Flexibilität ist, die die Anwendung der Zeichen so leicht macht. Es gibt keine richtige oder falsche Art, Babyzeichen zu gebrauchen. So wie Sie und Ihr Kind es machen, so ist es richtig.

Zeichen für Objekte

FLUGZEUG
Ausführung:
Arme seitlich steif ausstrecken
oder mit einer Hand einen Sturz-
flug andeuten
Merkhilfe:
Darstellung der Flügel oder der
Bewegung eines Flugzeugs
Anwendung:
Für richtige Flugzeuge und Bilder
von ihnen
Bei Gesprächen über einen Flug

LÄTZCHEN/SERVIETTE
Ausführung:
Sich auf die Brust klopfen
Merkhilfe:
Gibt die Plazierung des Lätzchens
oder der Serviette während der
Mahlzeit an
Anwendung:
Um ein Lätzchen oder eine
Serviette zu bezeichnen oder
darum zu bitten

VOGEL
Ausführung:
Seitlich vom Körper mit den
Armen schlagen
Merkhilfe:
Darstellung des Flügelschlags
Anwendung:
Für echte Vögel draußen und
solche auf Bildern

BUCH
Ausführung:
Die Hände flach nebeneinander
halten und die nach oben zeigen-
den Innenflächen öffnen und
schließen
Merkhilfe:
Macht das Öffnen und Schließen
eines Buches nach oder das Um-
blättern
Anwendung:
Für Bücher und Zeitschriften
Für den Wunsch, ein Buch zu lesen
Um jemanden zu beschreiben, der liest

KÄFER/HUMMEL
Ausführung:
Daumen und Zeigefinger zum
Kreis schließen und in der Luft
bewegen
Merkhilfe:
Gibt die Bewegung eines umher-
fliegenden Insekts wieder
Anwendung:
Für echte umherfliegende Käfer
und Hummeln
Für Bilder von ihnen in Büchern

HÄSCHEN/KANINCHEN
Ausführung:
Die Nase rümpfen oder zwei
Finger im «V» hochhalten
Merkhilfe:
Nachahmung der Nasenbewegung
beim Häschen beziehungsweise
Darstellung der Hasenohren
Anwendung:
Für echte Hasen in der Tierhand-
lung oder im Zoo
Für Bilder von Hasen, insbeson-
dere zu Ostern

SCHMETTERLING

Ausführung:

Hände zusammen, Finger schwingen

Merkhilfe:

Gibt den Flügelschlag der Schmetterlinge wieder

Anwendung:

Für echte Schmetterlinge, besonders bei Spaziergängen im Park

Halten Sie in Büchern Ausschau nach Bildern von ihnen

KAMERA

Ausführung:

Gekrümmte Hand vor das Auge halten

Merkhilfe:

Darstellung der Kameralinse vor dem Auge

Anwendung:

Für Fotoapparate, auch Videokameras

Für den Wunsch, fotografiert zu werden

KERZE/FEUER
Ausführung:
Zeigefinger vor den Mund halten
und blasen
Merkhilfe:
Ausblasen einer Kerze
Anwendung:
Für richtige Kerzen und Feuer
Für Bilder von Geburtstags-
kuchen
Für den Wunsch, die Kerzen
auszublasen

AUTO
Ausführung:
Steuerbewegung
Merkhilfe:
Darstellung, wie man ein Auto
lenkt
Anwendung:
Für wirkliche oder Spielzeug-
autos, Lastwagen oder Trecker
Für Bilder von Fahrzeugen
Für den Wunsch nach einer
Autofahrt

KATZE/KÄTZCHEN
Ausführung:
Mit der Handfläche der einen
Hand über den Handrücken der
anderen streichen oder die Kratz-
bewegung machen
Merkhilfe:
Imitation des Streichelns einer
Katze beziehungsweise der Art,
wie eine Katze kratzt
Anwendung:
Für echte oder Spielzeugkatzen
Für Bilder von Katzen in Büchern
oder auf Plakaten

RAUPE
Ausführung:
Mit dem Zeigefinger wackeln
Merkhilfe:
Stellt das Kriechen einer Raupe
oder eines Wurmes dar
Anwendung:
Für echte Raupen oder Würmer
Für Schlangen im Zoo

COMPUTER
Ausführung:
Mit gespreizten Fingern «in die
Tasten hauen»
Merkhilfe:
Wiedergabe der Bewegung beim
Tippen
Anwendung:
Für Dinge mit einer Tastatur:
Computer, Klavier, Schreib-
maschine
Für den Wunsch, auf dem Com-
puter oder dem Klavier zu spielen

KRÜMELMONSTER
Ausführung:
Hand vor den Mund halten,
schmatzen und kauen
Merkhilfe:
Darstellung, wie das Krümel-
monster aus der *Sesamstraße*
Kekse ißt
Anwendung:
Für Bilder vom Krümelmonster
Für das Krümelmonster im
Fernsehen
Für den Wunsch, die *Sesamstraße*
zu sehen

KROKODIL
Ausführung:
Hände an den Gelenken zusammenlegen, öffnen und schließen
Merkhilfe:
Stellt das sich öffnende und schließende Riesenmaul des Krokodils dar
Anwendung:
Für Krokodile oder Alligatoren im Zoo
Für Spielzeugtiere dieser Art und Bilder in Büchern

HUND
Ausführung:
Zunge herausstrecken und hecheln
Merkhilfe:
Gibt das Hecheln eines Hundes wieder
Anwendung:
Für den eigenen Hund oder andere echte Hunde
Für Hundebilder und Spielzeughunde

ENTE
Ausführung:
Finger zum Daumen hin öffnen
und schließen
Merkhilfe:
Gibt den quakenden Enten-
schnabel wieder
Anwendung:
Für echte Enten im Park
Für Spielzeugenten und Bilder
von Enten

ELEFANT
Ausführung:
Finger oder Handrücken zur
Nase führen und auf und ab
bewegen
Merkhilfe:
Stellt den Elefantenrüssel dar
Anwendung:
Für lebende Elefanten im Zoo
oder Zirkus
Für Bilder in Büchern

VENTILATOR
Ausführung:
Zeigefinger hochhalten und
kreisen lassen
Merkhilfe:
Darstellung der Rotationsbewe-
gung des Deckenventilators
Anwendung:
Für Ventilatoren zu Hause oder
im Restaurant
Zur Benennung von Hub-
schraubern

FISCH
Ausführung:
Mund öffnen und schließen
Merkhilfe:
Darstellung des sich öffnenden
und schließenden Fischmauls
Anwendung:
Für lebende Fische im Aquarium
Für Goldfischkräcker

BLUME
Ausführung:
Schnuppern (aus der Entfernung)
Merkhilfe:
Wiedergabe der Riechbewegung
Anwendung:
Für Blumen im Garten
Für gedruckte Blumen oder
sonstige Blumenmotive

FROSCH
Ausführung:
Zunge herausstrecken und wieder
einziehen
Merkhilfe:
Zeigt, wie der Frosch mit der
Zunge ein Insekt fängt
Anwendung:
Für Kermit, den Frosch aus der
Sesamstraße
Für Bilder von Fröschen in
Büchern
Für das Quaken eines Frosches

GIRAFFE
Ausführung:
Mit der Handfläche vorn den Hals
reiben
Merkhilfe:
Darstellung des langen Halses der
Giraffe
Anwendung:
Für lebende Giraffen im Zoo
Für Plakate oder Bilder von ihnen
in Büchern

HELM/HUT
Ausführung:
Mit der Handfläche auf den Kopf
klopfen
Merkhilfe:
Wiedergabe der Plazierung einer
Kopfbedeckung
Anwendung:
Zur Bezeichnung von jemandem,
der einen Hut trägt
Für den Wunsch nach einer Kopf-
bedeckung

NILPFERD
Ausführung:
Kopf zurücklegen und den Mund
groß aufmachen
Merkhilfe:
Nachahmung des Nilpferdmauls
Anwendung:
Im Zoo und beim Anschauen von
Bilderbüchern

PFERD
Ausführung:
Den Rumpf auf und nieder
schnellen lassen oder mit einem
Fuß auf den Boden klopfen
Merkhilfe:
Darstellung des Reitens
beziehungsweise des Stampfens
der Pferdehufe
Anwendung:
Für den Wunsch, «Hoppe, hoppe,
Reiter» zu spielen
Für echte Pferde, Spielzeugpferde
und Bilder von Pferden

KÄNGURUH
Ausführung:
Mit beiden Händen den Bauch
tätscheln
Merkhilfe:
Deutet den für ein Känguruh
charakteristischen Beutel an
Anwendung:
Im Zoo und für Bilder von
Känguruhs in Büchern

AFFE
Ausführung:
Sich in den Achselhöhlen kratzen
Merkhilfe:
Wiedergabe der Kratzbewegung
bei Affen
Anwendung:
Für echte Affen und Bilder von
ihnen
Für Lieder und Spiele, in denen
Affen vorkommen

MOND
Ausführung:
Hand mit der Innenfläche nach
oben hochhalten und Dreh-
bewegung machen
Merkhilfe:
Darstellung der runden Form
des Vollmondes
Anwendung:
Für den Mond am Abend
Für runde Glühlampen

GERÄUSCH/LÄRM
Ausführung:
Mit dem Zeigefinger aufs Ohr
zeigen
Merkhilfe:
Bezeichnung der Stelle, wo das
Geräusch wahrgenommen wird
Anwendung:
Um jedwedes Geräusch zu
bezeichnen
Für den Wunsch, etwas hören zu
dürfen (z. B. Musik)

REGEN
Ausführung:
Mit den Fingerspitzen wackeln und
die Hände nach unten bewegen
Merkhilfe:
Darstellung, wie der Regen auf die
Erde fällt
Anwendung:
Um sagen zu können, daß es regnet
Für die Dusche und den Wunsch
nach einer Dusche

SCHLAFEN
Ausführung:
Hände seitlich unter der Wange
zusammenlegen
Merkhilfe:
Gebärde zu dem Lied «Schlaf,
Kindlein, schlaf ...»
Anwendung:
Zur Benennung von jemandem, der
schläft
Für den Wunsch, ins Bett zu gehen

SPINNE
Ausführung:
Beide Zeigefinger über Kreuz
bewegen
Merkhilfe:
Imitiert das Krabbeln der vielen
Spinnenbeine
Anwendung:
Für echte Spinnen und Bilder
von ihnen

STERNE
Ausführung:
Hände hochhalten, Finger spreizen
und mit ihnen «flimmern»
Merkhilfe:
Gibt das Glitzern der Sterne
wieder
Anwendung:
Für die Sterne am Himmel
Für Sterne auf Fahnen, Autos,
T-Shirts, Packpapier...

SCHAUKEL
Ausführung:
Fäuste auf Brusthöhe halten und
den Oberkörper vor- und zurück-
beugen
Merkhilfe:
Darstellung der Schaukelbewegung
und des Festhaltens an den Seilen
Anwendung:
Zur Bezeichnung der Schaukeln
auf dem Spielplatz
Für den Wunsch zu schaukeln

TELEFON
Ausführung:
Faust ans Ohr halten
Merkhilfe:
Darstellung des Hörers am Ohr
Anwendung:
Um zu sagen, daß das Telefon
klingelt
Für wirkliche und Spielzeug-
telefone
Für Bilder von Leuten, die
telefonieren

TIGER
Ausführung:
Hände wie Tatzen hochhalten und
die Kratzbewegung nach unten
machen
Merkhilfe:
Darstellung der Kratzbewegung von
Tigern, Löwen oder Bären
Anwendung:
Im Zoo oder beim Anschauen von
Großkatzen im Fernsehen oder in
Bilderbüchern

ZAHNBÜRSTE
Ausführung:
Mit dem Zeigefinger über die Zähne
fahren
Merkhilfe:
Nachahmung der Bewegung beim
Zähneputzen
Anwendung:
Um zu sagen, daß man die Zähne
putzen möchte
Zur Bezeichnung der Zahnbürste

WASSER
Ausführung:
Handflächen aneinanderreiben
Merkhilfe:
Darstellung des Händewaschens
Anwendung:
Am Ententeich
Für das Schwimmbecken oder das Meer
Für den Wunsch, sich die Hände
zu waschen

ZEBRA
Ausführung:
Finger spreizen und damit über
die Brust streichen
Merkhilfe:
Beschreibt die typischen Streifen
eines Zebras
Anwendung:
Für lebende Zebras im Zoo
Für Bilder von ihnen in Büchern
oder auf Plakaten

Zeichen für Wünsche

Babyzeichen helfen Ihrem Kind zu bekommen, wonach es verlangt. Hat es also beispielsweise die Gummibärchen in seiner Schale aufgegessen, könnte es ein Zeichen für *mehr* gut gebrauchen. Es folgen ein paar Zeichen, die unsere Babys benutzt haben, um ihre Wünsche auszudrücken. Probieren Sie sie einmal aus, und erfinden Sie neue hinzu.

Machen Sie sich auch klar, daß sich die soeben vorgestellten Zeichen
für Objekte ebenfalls ganz vortrefflich eignen, um nach genau diesem
Gegenstand zu fragen. Vielleicht verwendet Ihr Kind ja das *Maus*-Zei-
chen (Wackeln mit dem kleinen Finger, dem Schwänzchen), wenn es
im Fernsehen die *Sendung mit der Maus* sieht und sie benennen will.
Schaut es zum ausgeschalteten Fernseher und macht gleichzeitig das
Maus-Zeichen, dann will es Ihnen vermutlich zu verstehen geben, daß
es Lust hat, die *Sendung mit der Maus* anzuschauen. Das ist seine Art,
ein Objektzeichen zu verwenden, um damit einem speziellen Wunsch
Ausdruck zu verleihen.

TRINKEN/FLASCHE
Ausführung:
Daumen an den Mund legen und
Hand nach oben kippen
Merkhilfe:
Imitation der Trinkbewegung
Anwendung:
Für den Wunsch nach der
Flasche, nach Saft oder Wasser

ESSEN
Ausführung:
Fingerspitzen an die Lippen führen
Merkhilfe:
Zeigt das Aufnehmen von Nahrung
Anwendung:
Für den Wunsch, etwas zu essen
Zur Bezeichnung von Nahrung
oder etwas Eßbarem

HINEIN
Ausführung:
Mit den Fingern der einen Hand
einen Tunnel bilden und die Finger-
spitzen der anderen Hand hin-
durchstecken
Merkhilfe:
Etwas geht in etwas anderes hinein
Anwendung:
Für den Wunsch hineinzugehen
Für den Wunsch, in die Badewanne
zu steigen

MEHR
Ausführung:
Mit dem Zeigefinger in die Innen-
fläche der anderen Hand tippen
Merkhilfe:
Etwas wird in die Hand gegeben
Anwendung:
Für den Wunsch, mehr zu essen
oder zu trinken
Für den Wunsch, etwas noch einmal
zu machen (zum Beispiel noch ein
Buch zu lesen)

HINAUS
Ausführung:
Mit einer Hand etwas seitlich
niederdrücken wie eine Türklinke
Merkhilfe:
Darstellung vom Öffnen einer Tür,
um hinauszugehen
Anwendung:
Für den Wunsch, nach draußen zu
gehen
Um etwas über Personen oder
Gegenstände draußen mitzuteilen

HINAUF
Ausführung:
Mit dem Zeigefinger nach oben weisen
Merkhilfe:
Darstellung der Aufwärtsrichtung
Anwendung:
Für den Wunsch, hochgenommen zu
werden
Für den Wunsch, nach oben zu gehen
(z. B. die Treppen hinauf, auf die
Rutsche)

Sonstige nützliche Zeichen

Babyzeichen müssen in keine Kategorie passen, um Nutzen zu bringen. Wohlgemerkt: Alles, was Ihnen und Ihrem Kind hilft, sich gegen-
seitig besser zu verständigen, ist als Zeichen geeignet. Möglicherweise

gefällt es Ihnen beiden, etwas zu beschreiben, dann können Sie für
Ihre Zwiegespräche Zeichen für *groß* und *klein* gut gebrauchen. Oder
Sie erfinden Zeichen, mit denen man Gefühle wie *Angst* ausdrücken
kann. Kümmern Sie sich nicht darum, welcher Kategorie ein Zeichen
wohl angehören mag, denken Sie sich einfach selbst welche aus, und
gebrauchen Sie die, mit denen Sie gut zurechtkommen.

ALLEALLE
Ausführung:
Die flache Hand vor- und zurück-
schieben
Merkhilfe:
Markiert eine leere Stelle
Anwendung:
Um zu sagen, daß alles ausgetrun-
ken oder aufgegessen ist
Um darüber zu berichten, daß
etwas nicht mehr zu sehen ist

GROSS
Ausführung:
Hände über den Kopf ausstrecken
Merkhilfe:
Gebärde zum Wie-groß-bist-du?-
Spiel
Anwendung:
Zum Beschreiben großer Dinge

HEISS

Ausführung:

Die mit der Innenfläche nach
unten ausgestreckte Hand
zurückziehen

Merkhilfe:

Ahmt das Anfassen eines heißen
Gegenstandes nach

Anwendung:

Um seinen Kommentar über
heißes Essen, den Herd, das
Badewasser und den Bodenbelag
(Beton, Asphalt, Fliesen)
abzugeben

ANGST

Ausführung:

Mit der Hand mehrfach gegen die
Brust klopfen

Merkhilfe:

Markiert den schnellen Herzschlag

Anwendung:

Wenn man sich vor etwas fürchtet
Zur Bezeichnung eines furcht-
einflößenden Bildes

KLEIN/WINZIG
Ausführung:
Daumen und Zeigefinger zum
Kreis formen
Merkhilfe:
Darstellung der geringen Größe
oder Winzigkeit
Anwendung:
Zur Bezeichnung kleiner Dinge
Um nach einem kleinen bißchen
von irgend etwas zu fragen

WO?/ICH WEISS NICHT
Ausführung:
Handflächen nach außen auf
Schulterhöhe erheben und die
Achseln zucken
Merkhilfe:
Wiedergabe der allgemein üblichen
Geste für «Ich weiß nicht»
Anwendung:
Um zu fragen, wo etwas oder
jemand ist
Als Antwort auf eine Frage

Kapitel 10

Reimstunde gleich Zeichenkunde

Kinder *lieben* gereimte Verse. Ein Blick in die Sammlung «Allerlei-rauh» bezeugt das. Seit Generationen haben kleine Kinder ihren Ehrgeiz in das Erlernen von Reimen gesteckt, in denen kleine Wanzen auf Mauern lauern, drei Chinesen mit dem Kontrabaß auf der Straße sitzen und die dicke, fette Nudel mit dem spannenlangen Hans tanzt. Je verrückter, desto besser!

Es folgen einige Reime und Liedchen, in denen sich Babyzeichen gut unterbringen lassen und die sowohl kleinen Kindern als auch Erwachsenen Spaß machen.

Schmetterlingsflügel
flattern vorüber,
(Schmetterling – von links
nach rechts)
setzen sich nieder,
schweben gen Himmel wieder.
(Schmetterling – nach unten,
dann nach oben)
Und, hast du's nicht gesehen?,
kitzeln sie dich an den Zehen.
(Schmetterling – zu den Zehen)
Eben noch im grünen Grase
landen sie schon auf deiner Nase!
(Schmetterling – zur Nase)

Die Mieze schläft,
(Katze)
hörst du sie schnurren?
(Katze)
Sachte, sachte,
nur nicht wecken,
sie könnte – ihre Krallen rausstrecken!
(Katze)

(Hechel, hechel) Es war einmal
ein Hund.
Dem wurde es zu bunt.
Das Flöhchen sticht ihn
in den Bauch.
Da beißt der Hund das Flöhchen
auch.

Vöglein fliegt im Hui vorbei,
(Vogel – schnell)
Vöglein läßt sich nieder,
(Vogel – langsam)
Vöglein auf zum Himmel steigt,
(Vogel – hoch)
Vöglein sich zur Erde neigt,
(Vogel – niedrig)
Vögelchen fliegt links herum,
(Vogel – links)
Vögelchen fliegt rechts herum,
(Vogel – rechts)
Vöglein fliegt im Kreis herum.
(Vogel – im Kreis)

Es funkeln die Sterne,
(Sterne)
es leuchtet der Mond.
(Mond)
Puste aus die Kerze, du,
(Kerze)
und leg dich ins Bett zur Ruh.
(Schlafen)

Eins, zwei, drei
kommt mein kleiner Hund herbei:
Zunge hängt heraus fast ganz,
und er wedelt mit dem Schwanz.
(Hechel, hechel, hechel)
sagt der Hund zu mir.
(Hechel, hechel, hechel)
sag ich zu dem Tier.
Denn *(Hechel, hechel, hechel)*
versteht doch jeder Typ.
Es heißt doch *(hechel, hechel)*:
Ich hab dich schrecklich lieb!

Häschen, Häschen spitzt das Ohr,
(Häschen – Finger nach oben)
schaut aus langem Gras hervor.
Häschen, Häschen tief sich duckt,
(Häschen – Finger nach unten)
nur das rosa Näschen zuckt.
(zur Nase zeigen)
Häschen, Häschen läuft geschwind,
Ohren wackeln mit dem Wind.
(Häschen – Finger hin und her)

oder:

Hasenohren hoch,
(Häschen – Finger hoch)
Hasenohren runter,
(Häschen – Finger runter)
Hasenohren wackeln munter.
(Häschen – Finger hin und her)

Noch etwas zu trinken,
(Trinken)
dann mein' Teddybär,
ein weiches Ruhekissen,
(auf den Schoß klopfen)
mein' Schaukelstuhl her,
(mit dem Oberkörper schaukeln)
das Buch mit den Katzen,
(Buch, Katze)
nichts brauch ich mehr.
Jetzt schlaf ich ein so gerne
und denke an die Sterne.
(Schlafen, Sterne)

Im Wipfel das Vöglein:
(Vogel)
Ein Schnabel zum Singen,
zwei Flügel zum Schwingen,
(Vogel)
zwei Augen zum Schauen
(auf die Augen zeigen)
der Katz' ihre Klauen.
(Katze)
Flieg, Vöglein, flieg!
(Vogel)

Wird ein Frosch mal hungrig,
was muß er dann tun?
Die Zunge heraus –
[rausstrecken] (Frosch)
und mit der Fliege ist's aus!

Wird ein Krokodil mal hungrig,
was muß es dann tun?
Das Maul schnappt zu,
[zuschnappen] (Krokodil)
und mit dem Frosch ist's
aus im Nu!

Große Fische machen
(Schmatz, schmatz).
(Fisch schnell)
Kleine Fische machen
(Schmatz, schmatz).
Die olle Scholle schmatzt genau
(Fisch hoch)
Wie der dicke Kabeljau
(Schmatz, schmatz, schmatz).
(Fisch tief)

Wo, ach, wo ist mein Kätzchen?
(Wo?)
Das Kätzchen mit den hübschen Tätzchen,
(Katze)
das Kätzchen mit dem langen Schwanz,
(Hand fährt über den imaginären Schwanz)
das Kätzchen mit den Ohren fein.
(Hände zu den Ohren)
Wo, ach, wo kann es nur sein?
(Wo?)

Was wird aus den Sternen,   *(Wo?) (Sterne)*
was wird aus dem Mond,   *(Wo?) (Mond)*
am Ende der Nacht,
wenn der Tag erwacht?
Morgens, wenn der Tag angeht
und die Sonn' am Himmel steht,   *(Sonne)*
sind sie für etliche Stunden –
einfach verschwunden.   *(Allealle)*
Wo sie wohl stecken,   *(Wo?)*
in ihren Betten?   *(Schlafen)*
Oder hinter den Bergen,   *(Wo?)*
bei den sieben Zwergen?

Hopp, hopp, hopp!
(Baby immer schneller
auf den Knien reiten lassen)
Pferdchen lauf Galopp!
Über Stock und über Steine,
aber brich dir nicht die Beine!
Hopp, hopp, hopp!
Pferdchen lauf Galopp!

In meinem Beutel ist ein Kind»,
(Känguruh)
sagt die Mutter Känguruh.
«Ich steck's in meinen Beutel rein,
weil: es ist noch furchtbar klein.»
«In deinem Beutel ist ein Kind?»
(klein, Känguruh)
fragt der Bruder Känguruh.
«In deinen Beutel will ich auch,
(hinein)
weil's da schön warm ist an deinem
Bauch!»
Die Mutter sagt: «Du bist zu groß.
(groß)
Für dich ist Platz auf meinem
Schoß.»

Schmetterling, bunter,
(Schmetterling fliegt)
komm herunter.
Schmetterling, lieber,
(Schmetterling setzt sich)
setz dich nieder.

Ein dummer kleiner Affe
(Affe)
kam zu mir zum Kaffee.
Zuvor sprach er am Telefon:
(Telefon)
«Hallo, hallo,
hier ist der Zoo.
Hier spricht der Affe,
(Affe)
der kommt zu dir zum Kaffee.»
Kurz vor halb vier
klopft's an der Tür.
(Klopfgebärde)
Wer da? Der Affe!
(Affe)
Trank meinen ganzen Kaffee,
aß alle Teller leer,
und zwar auf einen Rutsch,
und der Affe war futsch.
(Allealle)

Sprach die Raupe zum Vogel:
«Ich krieche bloß umher,
(Raupe)
ach, wenn ich doch auch ein
Vöglein wär!»
(Vogel)

Es war einmal ein Krokodil,
(Krokodil)
das fraß den ganzen Tag zuviel,
(essen)
dann lag es auf dem Bauch am Nil
(Wasser)
und schaute in die Ferne,
(Hand über Augen)
da flimmerten die Sterne.
(Sterne)
Das hatte es so gerne.

Mehr, mehr, mehr!»
(Mehr)
ruft der kleine Herr.
«Raus, raus, raus!»
(Hinaus)
ruft der kleine Klaus.
«Rein, rein, rein!» *(Hinein)*
ruft der kleine Hein.
Noch mal von vorn!
(So oft wiederholen wie gewünscht,
schneller und schneller)
«Mehr, mehr, mehr!»
(Mehr)
ruft der kleine Herr.
«Raus, raus, raus!»
(Hinaus)
ruft der kleine Klaus.
«Rein, rein, rein!»
(Hinein)
ruft der kleine Hein.
Damit hat's ein End'!

Die Giraffe so hoch wie ein Turm,
(Giraffe)
winzig klein ist der Regenwurm.
(klein)
Und erst die Fliegenkinder,
die sieht man nimmer!
(das Baby oder sich selbst kitzeln)

Deutsche Reime oder Lieder

Alle meine Entchen
(Ente)
schwimmen auf dem See,
(Wasser)
schwimmen auf dem See.
(Wasser)
Köpfchen in das Wasser,
(Hand eintauchen)
Schwänzchen in die Höh'.
(Zeigefinger aufrichten)

Eins, zwei, drei, vier, fünf, sechs, sieben,
wo ist denn mein Schatz geblieben?
(Wo?)
Ist nicht hier,
(Wo? – nach links gucken)
ist nicht da,
(Wo? – nach rechts gucken)
ist wohl in Amerika.
(Baby am Bauch kitzeln)

Wenn die Kinder müde sind,
(Schlafen)
gehen sie ins Bett geschwind,
und ein kleines Vögelein
(Vogel)
singt in tiefen Schlaf sie ein.
(Schlafen)

Schlaf, Kindchen, schlaf!
(Schlafen)
Am Himmel ziehn die Schaf,
die Sternlein sind die Lämmerlein,
(Sterne)
der Mond, der ist das Schäferlein,
(Mond)
schlaf, Kindchen, schlaf!
(Schlafen)

Unsre Katz' heißt Mohrle,
(Katze)
hat ein schwarzes Ohrle,
(ans Ohr fassen)
Augen, die sind grün,
(auf die Augen zeigen)
und abends, wenn es dunkel wird,
fangen sie an zu glühn.
(Sterngefunkel)
Unsre Katz' heißt Mohrle,
(Katze)
hat ein schwarzes Ohrle,
(ans Ohr fassen)
Pfötchen, die sind weich,
und wenn das Kind im Schlafe liegt,
(Schlafen)
schnurrt sie durch ihr Reich.

Summ, summ, summ!
(Biene – rechte Hand)
Bienchen, summ herum!
Ei, wir tun dir nichts zuleide,
flieg nun aus in Feld und Heide,
Summ, summ, summ!
(Biene – rechte Hand)
Bienchen, summ herum!
Summ, summ, summ!
(Biene – rechte Hand)
Bienchen, summ herum!
Such in Blumen, such in Blümchen
(Blume)
Dir ein Tröpfchen, dir ein Krümchen!
Summ, summ, summ!
(Biene – rechte Hand)
Bienchen, summ herum!
Summ, summ, summ!
(Biene – linke Hand)
Bienchen, summ herum!
Kehre heim mit reicher Habe,
Bau uns manche volle Wabe!
Summ, summ, summ!
(Biene – linke Hand)
Bienchen, summ herum!

Es regnet, es regnet,
(Regen)
es regnet seinen Lauf,
(Regen)
und wenn's genug geregnet hat,
(Regen)
dann hört's auch wieder auf.
(Allealle)

Ward ein Blümchen mir geschenket,
(Blume)
hab's gepflanzt und hab's getränket,
Vögel, kommt und gebet acht!
(Vogel – heranwinken)
Gelt, ich hab es recht gemacht.

Hoppe, hoppe, Reiter,
(Baby auf den Knien reiten lassen)
wenn er fällt, dann schreit er,
fällt er in den Graben,
fressen ihn die Raben,
fällt er in den Sumpf,
macht der Reiter plumps.
*(Hier rutscht das Baby zwischen
den Knien auf den Boden – Allealle)*

Häschen in der Grube, saß und schlief, saß und schlief.
Armes Häschen, bist du krank,
(Häschen – Finger nach unten)
daß du nicht mehr hüpfen kannst?
Häschen, hüpf! Häschen, hüpf! Häschen, hüpf!
Häschen in der Grube, nickt und weint, nickt und weint,
(Häschen – Finger nach unten, mit dem Kopf nicken)
Doktor, komm geschwind herbei,
Und verschreib ihm Arzenei,
Häschen, schluck! Häschen, schluck! Häschen, schluck!
Häschen in der Grube, hüpft und springt, hüpft und springt.
Häschen, bist du schon kuriert?
(Häschen – Finger hin und her)
Hui, das rennt und galoppiert!
(Häschen – wegsausen lassen)
Häschen hopp, Häschen, hopp, Häschen, hopp!

Literatur

Acredolo, L. P., und Goodwyn, S. W. (1985): Symbolic gesturing in language development: A case study. *Human Development* 28, S. 40–49.

Acredolo, L. P. (1988): Symbolic gesturing in normal infants. *Child Development* 59, S. 450–466.

Acredolo, L. P., und Goodwyn, S. W. (1990): Sign language among hearing infants: The spontaneous development of symbolic gestures. In: V. Volterra und C. Erting (Hg.): *From Gesture to Language in Hearing and Deaf Children*. New York: Springer-Verlag.

Acredolo, L. P., und Goodwyn, S. W. (1990): Sign language in babies: The significance of symbolic gesturing for understanding language development. In: R. Vasta (Hg.), *Annals of Child Development* (Bd. 7, S. 1–42). London: Jessica Kingsley Publishers.

Goodwyn, S. W., und Acredolo, L. P. (1993): Symbolic gesture versus word: Is there a modality advantage for onset of symbol use? *Child Development* 64, S. 688–701.

Jan-Uwe Rogge

Pubertät
Loslassen und Haltgeben

288 Seiten.
Gebunden

Nervenkrieg zwischen rebellischen Kindern und gestreßten Eltern gehört zum Alltag in der Pubertät. Der Familienberater
und Bestseller-Autor Jan-Uwe Rogge («Kinder brauchen Grenzen») ermutigt dazu, diese Zeit der Krise als Chance zu begreifen, Verständnis und Vertrauen zu zeigen, aber auch klare Regeln vorzugeben. Pubertät kann produktiv sein: Sie ist eine Zeit,
in der man eine Vertrauensbasis für die spätere Beziehung zwischen Eltern und erwachsenen Kindern schaffen kann.

Als Taschenbücher sind von Jan-Uwe Rogge lieferbar:
Eltern setzen Grenzen (rororo 19756) – Kinder brauchen Grenzen (rororo 19366 und 60511/Großformat) – Kinder können
fernsehen (rororo 18598). Zusammen mit Regine Rogge: Die
besten Hörkassetten für mein Kind (rororo 19731) –
Die besten Videos für mein Kind (rororo 19730)

Rowohlt

Gela Brüggebors

So spricht
mein Kind richtig

rororo 18100
160 Seiten mit Illustrationen

«Und deutlich sollst du reden, aber schreien sollst du nicht!»
Der früher häufig gebrauchte Merkspruch für Heranwachsende
ist aus der Mode gekommen – sein Inhalt nicht. Heute nehmen
wir einwandfreies Sprechen bei Kindern eher noch wichtiger.
Manchmal zu wichtig. Die Spiele in diesem Buch dienen auf
zwanglose Art dazu, all das zu stärken, was für richtiges Sprechen grundlegend ist: das Wahrnehmen und das Atmen, die
richtige Spannung des Körpers, die Artikulation.
Außerdem: ausführliche Information und Hilfen für schwierige Fälle – vom Lispeln bis zum Stottern, über Zweisprachig-
keit und vieles mehr. Mit Büchern-, Schallplatten- und Kassel-
tentips.
Mit 237 lustvollen Spielideen (Kauderwelsch und Lügengarn:
Spiele mit der Sprache – Fingerspiele – Rollenspiele)

Rowohlt